Hallo Kinder! Freut euch mit uns!

Eine Geschichte für jeden Tag
(1. Januar bis 30. Juni)

von Angelika Blum und Ruth Heil

illustriert von Maria Satter

JOHANNIS
LAHR

Die Deutsche Bibliothek – CIP-Einheitsaufnahme

Blum, Angelika / Heil, Ruth:
Hallo Kinder! Freut euch mit uns! : Eine Geschichte für jeden Tag
(1. Januar bis 30. Juni) / von Angelika Blum und Ruth Heil. – Lahr : Johannis, 1994
(Johannis-Kinderbücher ; 06107)
ISBN 3-501-06107-2
NE: GT

Johannis-Kinderbücher 06107

Umschlag- und Innenillustrationen: Maria Satter
Gesamtherstellung: St.-Johannis-Druckerei, 77922 Lahr
Printed in Germany 11745/1994

1. JANUAR

Katharinas Puzzle

Katharina hat ein neues Puzzle-Spiel bekommen. Es besteht aus 68 verschiedenen Teilen, die jetzt wild durcheinander auf dem Fußboden verstreut liegen. Solch ein schwieriges Puzzle hat Katharina noch nie zusammengelegt, und sie brennt darauf, es ganz allein zu schaffen. Die rechte obere Ecke ist schon fertig, und jetzt ist die linke Ecke an der Reihe. Katharina weiß genau: wenn die Ecken erst einmal zusammenpassen, wird es einfacher, denn dann ist schon bald der ganze äußere Rahmen fertig, und sie kann sehen, wie groß das fertige Puzzle am Schluß sein wird.

Katharina liebt Puzzles. Es ist immer wie eine große Entdekkung, wenn sie wieder einmal aus dem großen Haufen Puzzleteile genau das eine herausgefunden hat, das in die nächste Lücke paßt. Manchmal ist die Sucherei nach dem richtigen Teil ganz schön anstrengend und dauert lange.

Genauso wie ein Puzzle ist auch unser Leben. Alle Ereignisse – ob sie nun schön sind oder auch traurig – passen genau wie Puzzleteile in unser Leben hinein, und alle zusammen bilden am Schluß ein riesengroßes buntes Puzzle, in dem alles seinen bestimmten Platz hat.

GEBET

Herr Jesus, ich bin froh, daß du es bist, der mein riesengroßes buntes Lebenspuzzle für mich macht. Allein könnte ich mir gar nicht so gut ausdenken, was wirklich gut für mich ist. Du kennst mich ja viel besser, als ich mich selber kenne, und weißt ganz genau, was ich nötig habe. Du bist der einzige, der jetzt schon genau weiß, wie mein riesengroßes buntes Puzzle am Ende aussehen wird. Das, was du jetzt schon fertig hast, ist prima – ich danke dir dafür. Amen. A. B.

2. JANUAR

Die neue Flöte

Zu Weihnachten hat es viele schöne Geschenke gegeben. Heike hat sie alle, nachdem der Vater den Weihnachtsbaum wieder abgeschmückt hat, in ihrem Zimmer auf dem kleinen runden Tischchen ausgebreitet. Immer, wenn sie daran vorbeigeht, schaut sie sich die bunten Gaben an und freut sich darüber. Da sind zum Beispiel das neue Etui mit den dicken Filzmalstiften, der warme Schlafanzug und die pinkfarbenen Fingerhandschuhe. Aber das Schönste, das Allerschönste auf dem Tischchen ist die mattglänzende helle Blockflöte. Wie sehr hat Heike sich die gewünscht! In der Schule gibt es nämlich seit vier Wochen einen Flötenkreis. Da kann man lernen, wie man Blockflöte nach richtigen Noten spielt. Die meisten Kinder hatten gleich zu Anfang eine nagelneue Flöte bekommen, bloß Heike nicht. Die Mutter hatte gemeint, sie solle erst einmal eine Weile die alte nehmen von Katrin, die sei schließlich noch in Ordnung, auch wenn sie schon am Mundstück recht angeknabbert aussehe. Heike fand die olle Flöte aus dem dunklen Holz schrecklich, aber sie übte trotzdem fleißig jeden Tag darauf und lernte immer ein kleines bißchen mehr dabei.

Und nun hat sie endlich eine eigene!

Glücklich nimmt Heike die neue Flöte aus der Segeltuchtasche, steckt sie sorgfältig zusammen und bläst hinein.

Ob sie einmal versuchen sollte, „Oh du fröhliche" zu spielen? Sie stellt das alte Notenheft von Katrin aufgeschlagen auf die Fensterbank und beginnt das bekannte Weihnachtslied zu üben. Mit viel Geduld sucht sie sich all die Töne, von denen sie die Noten noch nicht kennt, nach Gehör auf der Flöte zusammen und freut sich, wenn es „richtig" klingt. Niemand stört sie dabei, und irgendwann hat Heike es geschafft, das ganze Lied fehlerfrei zu spielen.

Oh, das hat Spaß gemacht!

GEBET

Herr Jesus, eigentlich ist es ja am 2. Januar für ein Weihnachtslied schon ein bißchen zu spät. Aber ich hab' mich so sehr über meine neue Flöte gefreut, daß ich dir das Lied trotzdem noch zu deinem Geburtstag schenken möchte – sozusagen nachträglich. Es kann sein, daß ich mal einen Fehler mache, aber ich hab's ja auch gerade eben erst gelernt. So, und jetzt spiel ich's dir vor . . . Amen. A. B.

3. JANUAR

Warum Vogelmänner schöner sind

Es ist kalt geworden. Viele Vögel haben sich schon auf den weiten Weg nach Süden gemacht. Wir haben seit zwei Wochen ein Futterhäuschen auf den Balkon gestellt. „Damit die Vögel schon wissen, wo sie etwas suchen können, wenn Schnee fällt und sie nicht genug Futter finden", hat Vater erklärt.

Heute morgen hat es nun zum ersten Mal geschneit. Wir Kinder jubelten und sausten im Schlafanzug durch die Balkontür ins Freie.

Dabei übersahen wir zwei Vögel, die sich gerade im Häuschen ihr Frühstück geholt hatten. Ganz schnell fliegen sie weg. „Der eine hatte einen ganz roten Bauch!" ruft Sulamith. „Schön war der!“ – „Wahrscheinlich war es ein Dompfaffmännchen“, sagt Vater.

„Wie willst du wissen, daß es ein Männchen war, wenn du gar nichts gesehen hast?“ fragt Rahel.

„Nun, weil Sulamith etwas von dem roten Bauch sah. Die meisten Vogelmännchen sind farbenprächtiger als die Weibchen.“ – „Das ist aber gemein, daß die Männchen immer schöner sind“, schimpft Rahel.

„Mal langsam, mein Mädchen“, beschwichtigt der Vater. „Gott hat sich bei allem etwas gedacht. Und oft dürfen wir das sogar erkennen, wenn wir ein wenig nachdenken. Wer brütet denn im Frühling die Vogeleier aus?“ – „Meistens die Vogelmutter“, weiß Jason.

„Ganz richtig“, bestätigt der Vater. „Damit sie dabei wenig gestört wird und weitgehend vor Feinden geschützt ist, muß sie möglichst unauffällig sein. Das farbenprächtige Männchen kann die Feinde dann auf sich aufmerksam machen und weglocken. Für das Weibchen ist es also ein Schutz, nicht so viel Farbe zu haben.“

Am nächsten Tag kommt der Dompfaff wieder. Diesmal in Begleitung seiner Frau. Ein schönes Pärchen. Sie in Schwarzweiß-grau gekleidet, er in kräftigem Rot und ebenso Schwarz und Weiß. Salome drückt die Nase ans Fenster: „Lieber weniger auffällig und lebendig – als tot“, gibt sie als Kommentar ab.

GEBET

Lieber Herr Jesus, ich freu' mich darüber, wenn ich sehe, wie gut du alles durchdacht hast, was du geschaffen hast. Das mit dem Vogelpärchen und seinen Farben habe ich verstanden. Aber da sind viele andere Dinge, die ich nicht begreifen kann. Es ist gut zu wissen, daß DU es aber weißt. Amen. R. H.

4. JANUAR

Katja im Schnee

Hurra, endlich hat es geschneit! Eine dicke Schneedecke liegt seit heute morgen auf dem Rasen wie ein riesiges weiches Oberbett. Melanie springt vor Freude in die Luft, als sie aus dem Fenster schaut und die weiße Pracht entdeckt.

„Oh, super! Heute nachmittag will ich rodeln gehen! Mutti, darf ich Katja mitnehmen? Bitte, bitte, ich passe auch gut auf sie auf, ja?" bettelt Melanie und saust in ihrem langen Nachthemd in das Zimmer der kleinen Schwester – noch bevor die Mutter geantwortet hat.

Sie hilft Katja rasch aus ihrem dicken Schlafsack und nimmt sie auf den Arm. Du meine Güte, Katja ist schon ganz schön schwer!

„Mutti, dürfen wir nun zusammen rodeln?"

Die Mutter nickt. „Na gut, aber du mußt wirklich sehr gut

auf Katja aufpassen, ja? Erinnere sie immer wieder daran, daß sie sich gut festhalten muß auf dem Schlitten. Na, ich werde mit euch gehen und ein bißchen zuschauen."

Hei, es macht Spaß, den Hügel im Park hinunterzusausen! Ein paarmal rodelt Melanie allein auf ihrem Schlitten hinunter, aber dann läßt Katja ihr keine Ruhe mehr. Sie reckt ihr die Ärmchen entgegen und will unbedingt mitfahren.

Vergnügt packen die Mutter und Melanie die kleine Katja auf den Schlitten. Melanie setzt sich hinten drauf und legt beide Arme fest um die Schwester und – los geht's!

Katja kreischt vor Freude, als sich der Schlitten langsam in Bewegung setzt.

Als sie auf halber Höhe sind, saust auf einmal ein wilder Junge mit seinem Schlitten genau auf die beiden zu. Melanie schreit auf und versucht, vorbeizulenken, aber da ist es schon geschehen: Katja ist bei dem Aufprall in einem weiten Bogen vom Schlitten in den Schnee geschleudert worden und schreit wie am Spieß. Melanie hat sich den Fuß verletzt und kann nicht auftreten, und der Junge – der liegt im Schnee und lacht und lacht! Melanie findet das gar nicht lustig. Bestimmt hat Katja sich auch weh getan. Da kommt auch die Mutter schon den Hügel hinabgelaufen. Melanie streckt dem Jungen die Zunge heraus und hinkt so rasch sie kann zu der kleinen Schwester hinüber. Hoffentlich hat sie sich bloß nicht ernstlich verletzt!

GEBET

Herr Jesus, ich bin froh, daß ich gleich, als wir umgekippt sind, ganz schnell heimlich gebetet habe. Bestimmt ist Katja deswegen auch nichts Schlimmes passiert – Gott sei Dank! Sie hat bloß einen Riesenschreck bekommen, als sie plötzlich in den kalten Schnee geflogen ist. Meinem Fuß geht es auch schon viel besser. Danke, daß du mein Gebet erhört hast. Amen.

A. B.

5. JANUAR

Gab es Schnee im Paradies?

Über Nacht hat es nochmals geschneit. Eine dicke Schneedecke liegt über der Wiese, und alle Bäume und Sträucher haben sich in einen weichen weißen Mantel gehüllt. Annelie kann sich nicht sattsehen an den zarten Schneeflocken, die immer noch sacht zur Erde schweben. Begeistert drückt sie sich am Kinderzimmerfenster die Nase platt.

Der Weg aus quadratischen Waschbetonplatten, der vom Haus bis zum Gartentürchen führt, ist kaum mehr zu erkennen, so hoch liegt die weiße Pracht!

Annelie freut sich. Gleich wird sie zur Schule gehen und als erste an diesem Morgen in den frischgefallenen Schnee treten. Ihre Kinderstiefel werden eine deutliche Spur hinterlassen, und jeder wird sehen können, daß kurz zuvor ein kleiner Mensch dort gegangen ist.

Auf einmal muß Annelie daran denken, wie es wohl war, als die ersten Menschen von Gott erschaffen worden waren. Wie mochte es wohl gewesen sein, als sie zum ersten Mal Schneeflocken gesehen haben? Was werden sie wohl gedacht haben, als später alles weiß gewesen ist um sie herum? „Ob sie wohl miteinander eine Schneeballschlacht gemacht und sich ebenso über den Schnee gefreut haben wie ich?" überlegt Annelie und stützt nachdenklich den Kopf in beide Hände, während sie verträumt nach draußen blickt.

„Kind – nun mach doch mal ein bißchen flott!" hört sie die Mutter auf einmal rufen. „Du mußt gleich gehen, es ist schon spät, und gefrühstückt hast du auch noch nicht!"

Hastig greift Annelie nach ihrer Schultasche und rennt in die Küche.

GEBET

Herr Jesus, ich finde es toll, daß es bei uns im Winter so oft schneit, und ich wüßte zu gern, ob es bei Adam und Eva auch mal Schnee gegeben hat.

Danke, daß du draußen alles um uns herum immer wieder anders machst – im Frühjahr, im Sommer, im Herbst und im Winter. So gibt es ganz oft etwas Neues zu sehen, und für unsere Augen wird es nie langweilig! Amen. A. B.

6. JANUAR

Schneekristalle

Eine ganze Zeit haben sich die Kinder im Schnee getummelt, sich mit Schneebällen beworfen. Sogar einen kleinen Schneemann haben sie gebaut. Aber jetzt kommen sie wieder ins Haus.

Salome reibt sich die Hände. „Eines weiß ich über Schnee: er ist kalt. Huh!" Sie legt die Handschuhe auf die Heizung. Da entdeckt sie einige wunderschöne, winzige Schneekristalle, die noch daran hängen. Sie ruft: „Kommt schnell, das müßt ihr gesehen haben!" Aber bis die anderen herbeikommen, ist die Herrlichkeit schon geschmolzen.

„Da waren kleine Sterne", sagt sie enttäuscht. „Jetzt sind sie weg."

„Draußen sind noch viele", tröstet Mutter. „Jeder kleine Schneekristall ist eine Kostbarkeit. Eines haben alle gemeinsam, ihr sechseckiges Muster. Aber ansonsten ist jede Schneeflocke ein Original. Jede ist einzigartig und wunderbar in ihrem Muster. Manche sehen wie Sterne aus, andere wie Nadeln, Säulen, Spiralen. Man kann richtig ins Staunen kommen, wenn man sie betrachtet. Am besten nehmt ihr unser Vergrößerungsglas mit nach draußen, dann könnt ihr sie besonders gut sehen."

„Aber nicht gleich, Mama", jammert Salome, „die schönsten Flocken begeistern einen nicht mehr, wenn man kalte Finger hat."

GEBET

Vater im Himmel, jede Schneeflocke ist etwas Besonderes. Wenn du dir schon so viel Mühe machst, jede Schneeflocke so schön zu gestalten, wieviel mehr muß ich dir dann bedeuten! Hab Dank, daß auch ich einmalig bin und für dich ganz wertvoll. Amen. R. H.

7. Januar

Sternenhimmel

„Wie weit ist denn der Stern da fort?" fragt Salome und zeigt auf einen hellen Stern. „Der ist bestimmt ganz nah. Und wie viele gibt es denn überhaupt?"

Rahel lacht: „Das kann ich dir sagen, nämlich viele mal viele, mal tausend, mal Billtrillionen, mal . . ."

„Halt, halt", stoppt der Vater, „Billtrillionen, die Zahl gibt es nicht. Aber es gibt so unzählig viele, daß man sie nicht zählen kann. Und fast so ist es auch mit der Entfernung. Sie ist unvorstellbar weit. Man kann sie gar nicht in Kilometern ausdrücken.

Man spricht von Lichtjahren. Ein Lichtjahr ist die Entfernung, die das Licht in einem Jahr zurücklegt."

„Licht bewegt sich 300 000 Kilometer in der Sekunde fort", weiß Ruben. „Dann ist ein Lichtjahr die Strecke von 300 000 mal 60 mal 60 mal 24 mal 365 Kilometern." – „Au weia, das ist ja schrecklich weit", meint Sulamith.

„Ja, schrecklich", stimmt Salome zu, „bis zur Oma ist es schon immer so weit, und du hast mir mal erzählt, das sind 100 Kilometer. Da sind die Sterne wirklich weit, weit fort."

GEBET

Jesus, mir ist heute abend ganz schwindelig geworden, als ich die vielen Zahlen hörte. Aber dann hab' ich darüber nachgedacht, wie das alles geht. Die vielen, vielen Sterne! Sie laufen in bestimmten Bahnen. Und du sorgst dafür, daß sie nicht zusammenstoßen. Du paßt auf die Sterne auf, und du paßt auch auf mich auf. Ich brauche mich nicht darum zu sorgen, wie alles weitergeht. Du weißt das viel besser. Ich bin so froh, daß du bei mir bist. Amen. R. H.

8. Januar

Ein Punker-Pärchen

Als ich mit meinen Eltern heute nachmittag einen Spaziergang machte, sind wir auch durch unsere Fußgängerzone gegangen und haben uns die Auslagen in den Schaufenstern angeschaut.

In manchen Geschäften wurden gerade die Weihnachtsdekorationen aus den Fenstern geräumt. Da bin ich immer besonders lange stehengeblieben und habe zugesehen.

Auf einmal kamen uns ein Mann und eine Frau entgegen, die ganz komisch aussahen. Die Frau hatte so knallrote Haare wie der Pumuckl und lange grünlackierte Fingernägel, und der Mann sah auf dem Kopf aus wie ein Igel. Seine Haare standen in alle Richtungen steif ab. Da war bestimmt eine riesige Menge Gel drin! Und außerdem hatte er sich eine Strähne orange gefärbt. Ja, und alle beide, der Mann und die Frau, hatten nur schwarze Sachen an.

Mama und Papa haben sich nach denen umgedreht, als sie an uns vorbeigegangen waren, und Papa hat gesagt: „Sieh dir bloß diese Punker an – schreckliche Menschen sind das!“

Nachher haben wir die beiden noch mal getroffen. An der Telefonzelle bei der Post. Da haben sie einer alten Frau geholfen, im Telefonbuch eine Nummer zu finden, und sie haben ihr sogar das Geld für das Telefongespräch geschenkt, weil die alte Frau ihr Portemonnaie nicht finden konnte.

Also, ich fand den Mann und die Frau nett.

GEBET

Herr Jesus, du hast nicht bloß die schrecklichen Haare von den beiden gesehen. Du hast auch gesehen, daß sie der alten Frau geholfen haben. Das ist gut. Amen. A. B.

9. JANUAR

Echte Kerzen sind schöner

Jedes Jahr am 10. Januar wird in unserer Familie der Weihnachtsbaum abgeschmückt. Ich bin dann immer ein bißchen traurig, weil ich weiß, daß ich die vielen schönen Holzfiguren und selbstgebastelten Strohsterne erst nach ganz langer Zeit wiedersehen werde.

Morgen ist es wieder soweit mit dem Abschmücken. Papa

hat schon den großen Karton aus dem Keller geholt und so lange ins Schlafzimmer gestellt.

Während ich morgen die vielen bunten Sachen in verschiedenen Pappschachteln vorsichtig verpacken werde, nehmen Papa und Mama die elektrische Lichterkette aus dem Baum. Früher, als ich noch nicht auf der Welt war, hatten meine Eltern echte Wachskerzen am Tannenbaum. Später, als ich dann da war, haben sie die elektrische Lichterkette gekauft. Sie befürchten, ich könnte mich mal an den echten Kerzen verbrennen und dann womöglich noch den ganzen Baum anzünden.

Ich mag aber echte Kerzen viel lieber.

Gut, daß wir noch die dicke Bienenwachskerze auf dem Tisch stehen haben. Sie duftet immer so schön, wenn sie brennt.

Manchmal sitze ich dann einfach nur so da und schaue in die helle Flamme. Dann muß ich oft an Jesus denken. Er hat gesagt: „Ich bin als Licht in die Welt gekommen, damit jeder, der mir vertraut, nicht im Dunkeln bleibt." Und dann stelle ich mir vor, wie es wäre, wenn alle Menschen auf der ganzen Welt ihn liebhätten und ihm vertrauen würden – dann wäre es überall hell, und es gäbe überhaupt keine Dunkelheit mehr . . .

GEBET

Herr Jesus, das wäre schön, wenn alle Menschen an dich glauben würden! Ich will ganz oft dafür beten, daß dich noch viel mehr Leute kennenlernen und es immer heller wird auf der Erde. Amen. A. B.

10. JANUAR

Kartoffelaugen

„Heute gibt es Kartoffelbrei", verkündet Mutter. Jason freut sich, aber er ahnt schon, daß das wieder mit einem Gang in den Keller verbunden ist. Da die Kleinen sich fürchten, wird das wohl wieder an ihm hängenbleiben.

„Okay, Mama, gib mir schon die Schüssel!" verkündet er. Als er wieder nach oben kommt, stellt er fachmännisch fest: „Die beginnen schon ganz schön zu treiben." – „Die könnte man gut als Saatkartoffeln verwenden", meint Mutter. „Sie haben wirklich viele Augen." Salome rennt zu Mutter: „Wo sind Augen?" fragt sie erstaunt. „Wo die weißen Triebe herauskommen, das sind die Augen der Kartoffel", erklärt Mutter.

„Kann die Kartoffel auch damit sehen?" will Salome weiter wissen. Jason lacht: „Doch nicht solche Augen! Das heißt nur so." – „Bei der Kartoffelpflanze bilden die Wurzelstöcke Knollen aus", erklärt Mutter. Sie sind so etwas wie ein Vorratsspeicher. Auf der Sproßknolle befinden sich kleine Triebknospen. Wir bezeichnen sie als Augen. Aus diesen Augen sprießen nach einiger Zeit Triebe. Schneidet man die Kartoffel nun so auseinander, daß ein Auge in diesem Teil enthalten ist, so entwickeln sich daraus neue Kartoffeln. Man muß sie natürlich zur rechten Zeit in gute Erde legen. Die Triebe wachsen dabei nach oben, dem Licht zu. Gleichzeitig entwickeln sich abwärtswachsende Wurzelstöcke. Diese bilden nun wieder Knollen aus, die wir im nächsten Herbst als Kartoffeln ernten." Mutter hat inzwischen die Keime abgezupft und mit dem Schälen begonnen. „Und wir essen sie und denken schon gar nicht mehr darüber nach, wie wunderbar sie entstanden sind", sagt Salome nachdenklich.

GEBET

Du hast dir alles so wunderbar ausgedacht, Gott. Sogar über

die Kartoffel kann man nachdenken und staunen. Danke, daß du so viele gute Sachen wachsen läßt. Amen. R. H.

11. JANUAR

Warum sind Vitamine wichtig?

„Schon wieder Salat", stöhnt Jason, als er das Mittagessen sieht. „Mhm, wie lecker", freut sich Rahel. Mutter ist froh, daß sie jeden Tag jemand anderem Freude macht mit dem Essen, das sie zubereitet. Denn jeder hat einen etwas anderen Geschmack. „Freu dich, dann hast du wenigstens Vitamine", ruft sie Jason zu. Doch der brummt nur: „Für was sollen denn die nun wieder gut sein." – „Mama, erklär' du ihm das!" meint Rahel.

„Vitamine sind zum Glück nicht nur in Salat", tröstet sie nun Jason, sondern auch in vielem anderen Gemüse. Ganz besonders auch in der Kartoffel. Sie enthält sehr viel Vitamin C. Vitamine sind lebenswichtige Stoffe, die unser Körper nicht selbst herstellen kann. Deshalb müssen sie ihm zugeführt werden. Unsere Nahrung enthält alle diese notwendigen Vitamine. Doch wenn wir immer dasselbe essen, kann es zu Mangelerscheinungen kommen. Besonders frisches Obst und Gemüse sind reich an Vitaminen. Beim Kochen gehen leider viele dieser Stoffe verloren, da sie hitzeempfindlich sind. Manche lösen sich auch im Wasser auf", erklärt Mutter den Kindern.

„Deshalb soll man den Salat und auch die gewaschenen Kartoffeln nicht so lang im Wasser liegen lassen", weiß Rahel.

„Ganz recht", bestätigt Mutter. „In der kalten Jahreszeit können wir uns gut vor Erkältungen schützen, wenn wir vermehrt Vitamin C aufnehmen. Gerade dieses Vitamin gibt den Krankheitserregern nicht viel Chance, sich auszubreiten. Doch auch die anderen Vitamine sind wichtig. Zucker ist besonders schädlich, weil er wie ein Räuber die Wirkung von manchen Vitaminen aufhebt." – „O weia, da muß ich in Zukunft ein bißchen besser aufpassen, was ich esse", bemerkt Jason. „Immerhin beruhigend aber, daß die Vitamine nicht nur im Salat sind."

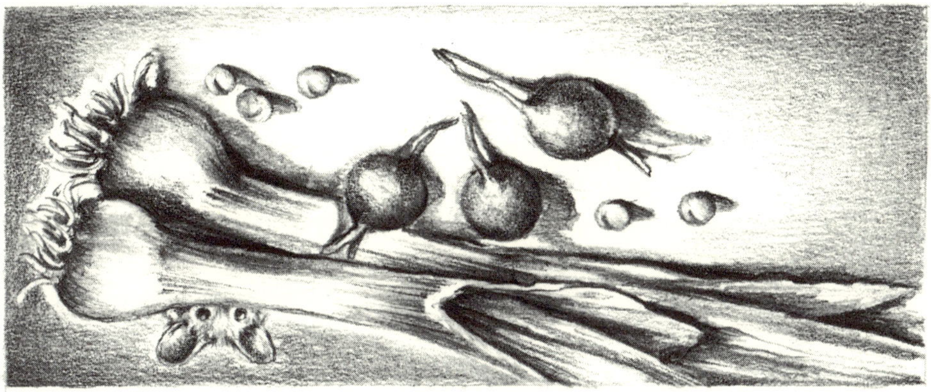

GEBET

Alles, was wichtig ist für unser Leben, Herr, hast du wachsen lassen. Sogar Stoffe sind darin enthalten, die uns vor Krankheit schützen können. Gib, daß ich nicht so schleckig bin und nur esse, was meiner Zunge schmeckt. Ich will auch darauf achten, daß mein Körper das bekommt, was er braucht, um mich gesund zu erhalten. Amen. R. H.

12. JANUAR

Sternenhimmel

„Heute ist solch ein klarer Sternenhimmel. Laßt uns auf die Veranda gehen und sehen, ob wir ein Sternbild erkennen", sagt Vater.

„Was für ein Bild?", fragt Salome erstaunt.

„Das ist kein richtiges Bild", erklärt Ruben. „Das sind einige Sterne, die man einander zuordnet. Wenn man sich vorstellt, man könnte zwischen ihnen von Punkt zu Punkt einen Strich ziehen, dann gäbe das die Form eines Wagens, eines Skorpions usw." – „Laßt es uns doch gleich am Himmel anschauen", schlägt Vater vor.

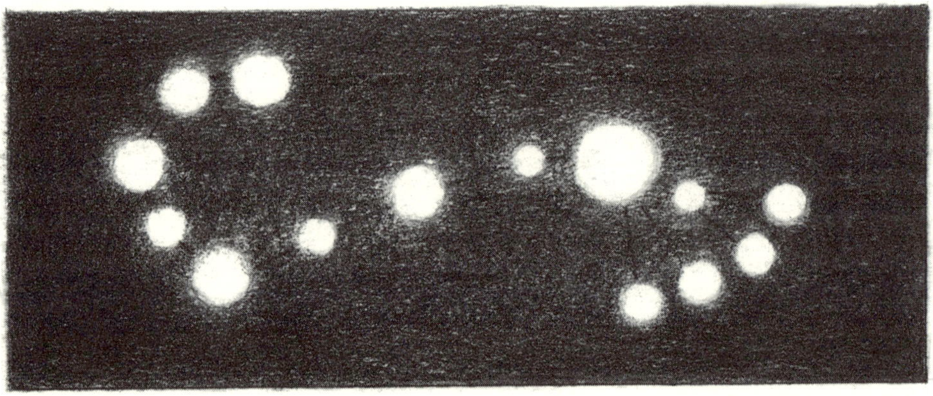

Rahel entdeckt den „großen Wagen", nachdem Vater ihr es genau erklärt hat. „Es sieht wirklich aus wie ein Wagen mit einer Achse dran", ruft sie begeistert.

„Die früheren Seefahrer konnten auf diese Weise erkennen, wie sie weitersegeln mußten, auch in der Nacht", weiß Ruben. Als Mutti später am Bett sitzt, wünschen sich Rahel und Salome als Gutenachtlied: „Weißt du, wieviel Sternlein stehen . . ."

GEBET

Es gibt so viele Sterne, Vater im Himmel, daß man sie gar nicht zählen kann. Aber du kennst jeden einzelnen. Es gibt so viele Menschen auf dieser Erde. Du kennst jeden einzelnen. Du kennst auch mich. Und du weißt, was mich bedrückt und was mich freut. Du kennst mich ganz genau. Für dich sind die vielen Menschen nicht wie ein großer Haufen, sondern du weißt jeden Namen. Du weißt auch meinen. Und du hast mich lieb. Danke, Vater. Amen. R. H.

13. JANUAR

Manchmal will ich ganz anders sein

Es ist dumm, wenn man so ist, wie man gar nicht sein will. Ich hatte es heute nachmittag gar nicht böse gemeint, als ich den Ben an die Hand nahm und hinter mir her zog. Er ist aber auch so furchtbar langsam gegangen, und zwischendurch hat er sich immer wieder gebückt und kleine Steinchen aufgehoben. Dabei wollte ich so gern ganz schnell zu dem Ententeich. Der ist nämlich fast zugefroren, und ich wollte sehen, ob die Enten überhaupt noch Wasser zum Schwimmen haben. Mama hat immer gerufen, ich soll nicht so schnell laufen, weil der Ben sonst nicht mitkommt mit seinen kurzen Beinchen. Er ist nämlich erst zwei. Aber ich habe gar nicht richtig zugehört. Ich hab' den Ben einfach hinter mir hergezogen. So lange, bis er hingefallen ist und laut gebrüllt hat. Da bin ich stehengelieben.

Mama hat mit mir geschimpft und gesagt, ich muß viel mehr Geduld haben mit Ben, weil er doch noch so klein ist. Dabei merke ich es doch gar nicht, wenn ich mal wieder ungeduldig bin. Ich bin es einfach, obwohl ich es nicht will.

GEBET

Herr Jesus, es tut mir leid, daß der Ben sich heute das Kinn aufgeschlagen hat. Bitte hilf mir doch, daß ich geduldiger werde und nicht immer so schnell sein will, wenn ich den Ben an der Hand habe! Amen. A. B.

14. JANUAR

Der Ameisenbär

Die Zunge ist ein kleines, aber wirksames Mittel, das oft die Kleinen gegen die Großen einsetzen.

„Mama“, kommt Rahel heulend angelaufen, „Sulamith hat mich gehauen. Dabei hab' ich ihr gar nichts getan.“

Tja, so ist das meistens, immer war der andere schuld. Heute stellt sich heraus, daß die Jüngere der Großen die Zunge herausgestreckt hat, um sie zu ärgern.

„Zeigt mir mal eure Zungen!“ fordert Mutter die beiden auf. Lachend strecken sie diese heraus. „Sind die aber kurz! Das ist doch gar nichts!“ sagt Mutter schmunzelnd. „Es gibt Wesen, die haben eine Zunge, die bis zu 60 Zentimeter lang sein kann!“ Die beiden Mädchen werden neugierig und vergessen den Streit. „Das ist ja höher als der Abfalleimer“, sagt Sulamith entsetzt. „Und für was brauchen sie die?“

„Nun, ich spreche vom Ameisenbären“, erklärt Mutter. „Seine bevorzugte Nahrung besteht aus Ameisen und Termiten. Mit seinen kräftigen Krallen reißt er die Ameisenhügel auf, steckt seine schmale Schnauze in die Öffnung, und dann geht's los. Seine wurmähnliche Zunge ist mit einem klebrigen Speichel belegt, an dem die kleinen Lebewesen hängenbleiben und verspeist werden. Der Ameisenbär ist etwa 1,80 Meter lang und verzehrt in der Regel um die 30 000 dieser Tierchen pro Tag. Wohnhaft ist er in den tropischen Gebieten Amerikas."

„Ich werde wohl in Zukunft besser meine Zunge hinter den Zähnen lassen", denkt Rahel laut. „Es wäre schrecklich, wenn sie durch das Herausstrecken noch länger würde!"

„Nun, da besteht keine Gefahr", lacht Mutter, „aber du könntest dir und anderen eine Menge Ärger ersparen."

GEBET

Mit dem Ärgern ist das so eine Sache, Jesus. Ich denk' immer, der andere hat angefangen. Und der meint, ich habe angefangen. Und so geht das immer weiter. Manchmal stinkt es mir, wenn meine großen Geschwister sich so stark fühlen. Und dann will ich mich mit dem Zungenherausstrecken rächen. Aber dann geht der Streit wieder von vorne los. Gib mir bitte Kraft, versöhnlicher zu werden. Amen. R. H.

15. Januar

Was ich von Zachäus noch gerne gewußt hätte

Salome und Rahel kommen aus der Kinderstunde nach Hause. „Über was habt ihr gesprochen?" will Mutter wissen.

„Über den Oberzöllner Zachäus", antwortet Rahel. „Ach, Mama, die Geschichte kenn' ich schon auswendig. Viel lieber würde ich wissen, wie es später weitergegangen ist." – „Was ist weitergegangen?" fragt Mutter interessiert.

„Nun, wie das möglich war, nur mit der Hälfte zu leben. Die andere Hälfte gab er ja den Armen ab. Und wenn er das wirklich gemacht hat, daß er allen vierfach wiedergab, was er ihnen zu Unrecht genommen hatte, – was blieb dann überhaupt noch übrig? Und wie er es wohl anstellte, daß er diejenigen wiederfand, die er betrogen hatte. Es gab doch gar keine Zeitung. Ja, und dann noch, wie er überhaupt noch wissen konnte, wieviel das jeweils gewesen war."

„Na, du machst dir wirklich viele Gedanken", sagt Mutter interessiert, „dann laßt uns doch einfach einmal überlegen, wie es hätte sein können."

Die drei setzen sich an den Tisch. Und während Mutter einen schönen heißen Tee zubereitet, fängt Rahel schon an . . .

„‚Also der Herr Zachäus ist total verrückt geworden', meint der Nachbar von ihm. ‚Bei dem hängt ein Schild am Haus: Zu verkaufen. Er will angeblich die Hälfte seines Besitzes den Armen schenken.' – ‚Schade, daß ich nicht arm bin', lacht ein anderer Nachbar.

Und an einem anderen Morgen: ‚Weißt du schon, Nachbar, der Verrückte ist jetzt ausgezogen. Er wohnt am anderen Ende der Stadt, mitten unter den Armen. Sein Kopf ist wohl nicht mehr ganz richtig, seit er diesem Jesus begegnet ist. Das muß ein Bazillus sein. Der ist ja schon auf den Baum geklettert, bevor dieser Jesus durchkam.'

‚Komisch', entgegnet der andere Nachbar, ‚ich seh' ihn ja täglich am Zoll, wo ich auch arbeite. So verrückt ist er gar nicht. Er ist eher, ja, wie soll ich sagen, er wirkt glücklich. Manchmal lacht er sogar. Und er geht so freundlich mit den Leuten um. Fast beneide ich ihn.'

‚Komm, werd' du nicht auch noch krank!' warnt ihn der Nachbar kopfschüttelnd."

„Ich will aber auch mitüberlegen", jammert Salome. „Also ich glaube, daß er plötzlich ganz viele Freunde hatte. Und sicher hat er dann auch noch eine liebe Frau gefunden, die sich mit um die Armen und Kranken gekümmert hat.

Und der Zachäus und seine Frau sind ganz, ganz glücklich geworden."

GEBET

Jesus, ich wäre so gerne dabeigewesen, als der Zachäus sich damals verändert hat. Er muß dich sehr liebgehabt haben. Schenk mir, daß ich dich auch so liebhabe, daß mir das am meisten wichtig ist, was du willst. Amen. R. H.

16. JANUAR

Blumen von Katrin

Als die andern Kinder heute in der Schule waren, habe ich in meinem Bett gelegen und ein spannendes Buch gelesen. Mutti hatte gemeint, mein Schnupfen sei so schlimm, daß ich die anderen bloß anstecken würde, und ich solle lieber zu Hause bleiben.

Ich habe mich natürlich darüber gefreut und bin sofort mit meinem Buch zurückgekrochen in mein kuscheliges warmes Bett. Ein bißchen Schnupfen und Niesen macht mir nämlich gar nichts aus, aber im Bett liegen und gemütlich lesen – das ist fein!

Später habe ich am Fenster beobachtet, wie die anderen aus der Schule gekommen sind.

Dann hat es bei uns geläutet. Es war Katrin. Sie wollte wissen, warum ich gefehlt habe, und außerdem wollte sie mir die Schularbeiten bringen. Die müssen wir nämlich auch machen, wenn wir krank sind. Damit wir nicht soviel verpassen, sagt unsere Lehrerin.

Katrin hat mir aber nicht nur die Schularbeiten mitgebracht, sondern auch noch eine wunderschöne knallrote Rose. Sie ist extra in das kleine Blumenlädchen an der Ecke gegangen und hat sie von ihrem Taschengeld für mich gekauft!

Ich freue mich sehr darüber, daß ich eine so liebe Freundin habe. Eigentlich möchte ich morgen doch gern wieder in die Schule gehen.

GEBET

Herr Jesus, danke, daß ich nicht ganz schlimm krank bin, sondern bloß einen Schnupfen habe. Heute war es im Bett mal so richtig gemütlich. Ich möchte dir auch danken, daß die Katrin in meine Klasse geht. Sie ist nämlich sehr lieb. Amen. A. B.

17. JANUAR

Die Zunge, das unruhige Übel

„Ich weiß auch nicht", meint Jason nachdenklich, „manchmal sage ich im Ärger Dinge, die mir hinterher leid tun. Wie kann man das nur abstellen?"

„Da stehst du gar nicht auf so einsamem Posten", tröstet ihn Mutter. „Denk dir, vor fast 2000 Jahren hatten die Leute schon ähnliche Probleme." – „Aber Mama", lacht Jason, „wie willst du das denn wissen, so alt bist du nun auch wieder nicht."

„Nun, dann hol mal meine Bibel." Jason bringt sie zum Tisch. „Und jetzt schlagen wir den Jakobusbrief auf. So, und nun lies im Kapitel 3 die Verse 6–8."

Während Mutter die Wäsche weiter ausbessert, liest Jason vor: „Mit der Zunge ist es wie mit dem Feuer. Sie ist eine Welt voller Unrecht und beschmutzt den ganzen Menschen. Sie setzt unser Leben von der Geburt bis zum Tod in Brand mit einem Feuer, das aus der Hölle selbst kommt . . .

Seine Zunge hat noch keiner bändigen können, sie läßt sich nicht unter Kontrolle bringen. Sie ist voll von tödlichem Gift." Jason hält inne: »Das ist ja fast unglaublich. Dann hatten die Leute damals wirklich ähnliche Probleme wie wir! Mit der Zunge kann man so viel Gutes tun, wenn man z. B. jemand nur Mut macht oder ihn tröstet. Und man kann so viel Schlimmes anstellen, wenn man andere beschimpft, sie fertigmacht, sie auslacht. Ach, Mama, ich möchte Gott bitten, daß er der Herr auch über meine Zunge ist."

GEBET

Herr Jesus, die Zunge ist nur so klein. Und doch macht sie mir manchmal große Schwierigkeiten. Du weißt das sicher noch besser als ich. Kannst du bitte auf meine Zunge besonders aufpassen? Ich möchte so gerne dir gehören, auch mit meiner Zunge. Amen. R. H.

18. JANUAR

Viele bunte Filzmalstifte

Zu Weihnachten habe ich neue Filzmalstifte in ganz vielen verschiedenen Farben geschenkt bekommen. Sogar rosa und lila sind dabei. An den Weihnachtsfeiertagen habe ich schon schöne Bilder damit gemalt, aber nur auf ganz kleinen Zetteln von Mamas Einkaufsblock. Aber jetzt will ich mal ein großes Bild damit malen. Das schenke ich dann Papa für sein Büro. Bestimmt freut er sich darüber.

Ich male zuerst ein Haus. Das ist unser Haus. Es hat ein rotes Dach und grüne Fensterläden . . .

Fertig. Nun kommt die Tür dran. Die male ich so groß wie ein Scheunentor, damit mein Fahrrad besser hindurchpaßt. In Wirklichkeit ist unsere Haustür nämlich viel zu schmal. Immer ratsche ich mit dem Fahrrad beim Hineintragen an der Hauswand vorbei, und Mutti schimpft deswegen mit mir.

Au wei – jetzt bin ich mit dem braunen Stift ausgerutscht. Der schöne neue Pullover! Ich hab' ihn erst zweimal getragen, und nun hat er einen dicken braunen Strich abbekommen. Hoffentlich stimmt es, daß die Farbe auswaschbar ist . . .

GEBET

Herr Jesus, wie das mit meinem Pullover wird, weiß ich noch nicht. Mama hat ihn noch nicht gewaschen. Vielleicht ist er ja nachher genauso schön wie vorher. Aber vielleicht stimmt das mit dem „auswaschbar" gar nicht, und der Strich geht aus dem neuen Pulli gar nicht mehr heraus – wer weiß?

Wenn du etwas sagst, dann weiß ich genau, daß ich mich darauf verlassen kann. Du hältst nämlich immer, was du versprichst. Deshalb habe ich dich auch so lieb. Amen. A. B.

19. JANUAR

Das Weiße in der Dunkelheit

Im Dunkeln mit dem Auto zu fahren ist viel spannender als am Tag, wenn es hell ist. Peter genießt die späte Heimfahrt vom Geburtstag seines Onkels sehr. Schließlich fährt man nicht alle Tage kurz vor Mitternacht mit dem Auto durch die Gegend. Ein bißchen müde ist Peter inzwischen zwar, aber das ist kein Wunder, denn er hat mit seinen Cousinen und Vettern bis vorhin ganz schön herumgetobt.

Peter kuschelt sich gemütlich auf dem Rücksitz in eine Ecke und blickt nach draußen, wo rasch Bäume, Häuser und einsame Bürgersteige an seinen Augen vorüberhuschen. Hinter vereinzelten Fenstern ist sogar noch Licht, aber die meisten Häuser sind dunkel. Manchmal kommt ihnen ein anderes Auto entgegen, und wenn es nicht rechtzeitig abblendet, kann Peter sekundenlang gar nichts richtig erkennen.

Als sie die kleine verschlafene Stadt hinter sich gelassen haben und auf der schnurgeraden Landstraße fahren, fallen Peters Augen nun doch immer öfter zu. Draußen ist es stockfinster. Nur die weißen Seitenstreifen am Straßenrand sind deutlich zu erkennen. Sie leuchten in der Dunkelheit.

„Wenn es draußen hell ist, fallen sie mir gar nicht auf," murmelt er müde und lehnt den Kopf an die kühle Seitenscheibe.

„Was fällt dir nicht auf?" will die Mutter wissen und dreht sich zu Peter um.

„Das Weiße da draußen am Straßenrand. Warum ist das überhaupt da?"

„Na, damit man auch im Dunkeln erkennen kann, wie die Straße verläuft. Stell dir vor, die Seitenstreifen wären nicht da – dann würden wir wohl ziemlich schnell irgendwo im Graben landen, glaubst du nicht?"

„Hhm", kommt es von hinten, und dann ist Peter fest eingeschlafen.

GEBET

Vater, wir haben heute im Kindergottesdienst von den Zehn Geboten gesprochen, und da ist mir der weiße Seitenstreifen wieder eingefallen. Ein bißchen hat er ja damit zu tun, weil er uns davor schützt, daß man im Graben landet. So ähnlich ist es wohl auch mit den Zehn Geboten. Du willst uns wohl damit auch schützen. Denn wenn wir sie nicht einhalten, fügen wir uns selbst Schaden zu. Danke, daß du dir solche Sorgen um uns machst, und hilf uns bitte, an deine Gebote zu denken. Amen.

A. B.

20. JANUAR

Streit

Sonst streiten meistens wir Kinder. Aber heute haben Papa und Mama miteinander gestritten. Eigentlich war das nicht so ein Streit wie bei uns Kindern. Papa will ein neues Auto und Mama will keins. Das ist eigentlich alles. Die haben nicht miteinander geschrien und sich nicht geschlagen. Die beiden waren so komisch miteinander, so voller Spannung. Einfach schrecklich. Ich hätte am liebsten gerufen: „Vertragt euch doch! Aber ich hab' mich nicht getraut." Jetzt liege ich im Bett. Ist ein Auto denn so wichtig, daß man darüber streiten kann? Die Erwachsenen haben so komische Probleme.

Aber ich denke auch darüber nach, wie oft ich mich mit meinen Geschwistern streite. Da geht es oft nur um ein Bonbon. Das ist eigentlich lächerlich, wenn ich es mir vorstelle. Manchmal ärgert mich auch nur, wenn Rahel so laut ist. Aber wenn ich selbst streite, finde ich es gar nicht so schlimm. Nur bei anderen fällt es mir auf. Wie Papa und Mama wohl unsere täglichen Streitereien verkraften? Sicher macht es ihnen genausowenig Spaß wie mir heute, ihnen zuzuhören.

GEBET

Ach, Jesus, das ist so ein trauriges Gefühl in mir, wenn Papa und Mama verschiedener Meinung sind. Ich möchte sie so gerne wieder beisammen haben. Aber da kommt mir eine Idee. Die wollen bestimmt auch nicht, daß wir Geschwister uns so oft streiten. Vielleicht fühlt sich das bei ihnen auch so an, wie ich es jetzt merke. Jesus, hilf mir, daß ich nicht immer recht haben muß. Und bitte mach doch, daß das mit Papa und Mama wieder in Ordnung kommt. Amen. R. H.

21. JANUAR

Bettgehzeit

Die Mutter sitzt am Bett. „Ist denn der Jesus auch da?“ will Rahel wissen.

„Ja“, antwortet Mutter fröhlich, „er ist noch näher bei dir, als ich es sein kann.“ – „Bist du dir auch ganz sicher?“ will Rahel wissen.

„Ganz sicher“, sagt Mutter.

„Schade, daß ich ihn nicht sehen kann! Am liebsten würde ich ihn umarmen! – Weißt du was, Mama, ich tu' es einfach!“

Rahel setzt sich im Bett auf und bildet mit ihren Armen einen Kreis, als würde sie jemanden umarmen. Sie betet: „Du, Jesus, es ist einfach so schade, daß ich dich nicht sehen kann. Aber Mama sagt, daß du jetzt ganz nah bist. Deshalb umarme ich dich. Weil ich dich liebhabe, küsse ich dich jetzt auch. (Rahel gibt einige Küsse in die Luft.) Ich bin so froh, daß du mich gemacht hast. Sonst könnte ich all das Schöne nicht sehen, die Blumen und die Bäume und all die Menschen, auch meine liebe Mama. Es ist so schön, auch die Vögel zu hören und auf meinem Pony zu reiten und am Wasser zu spielen. Ich kann gar nicht alles aufzählen. Danke, danke! Amen.“ R. H.

22. JANUAR

Wie entsteht Schnee?

„Hurra, es hat wieder geschneit!“ Rahel drückt ihre Nase an die Fensterscheibe. „Mit einemmal sieht die Welt ganz verzaubert aus“, ruft sie voller Staunen. „Ich will mich gleich anziehen und hinaus in den Schnee!“

„Halt", ruft Mutter, „nicht so hastig, erst wirst du etwas frühstücken." – „Wie ensteht eigentlich Schnee?" will Rahel wissen, während sie ihr Marmeladenbrot kaut.

Papa fängt an zu erklären: „Das Wasser in den Wolken verhält sich eigenartig, wenn es gefriert. Die Wolkentröpfchen werden unterkühlt. Diese Tröpfchen verdunsten unter bestimmten Bedingungen. Sie bewirken, daß der Dampf zu winzigen Eiskristallen gefriert. So entstehen Schneeflocken, die leise und leicht zur Erde heruntersegeln. Sie sind so leicht, da sie aus 90 Prozent Luft bestehen."

„Deshalb kann man sicher auch so schöne Schneebälle aus ihnen formen", meint Rahel. „Aber jetzt will ich lieber in den Schnee hinaus, als nur darüber reden", und stürmt vom Tisch, um sich anzuziehen.

GEBET

Gott, es ist einfach phantastisch, was du dir alles ausgedacht hast. Da gibt es Wind, und ich kann meinen Drachen steigen lassen, Seen zum Schwimmen im Sommer, Wald zum Wandern, Regen, um mit Gummistiefeln durch die Pfützen zu waten, und diesen schönen, weichen Schnee zum Schlittenfahren und Schneemann-Bauen und Schneeballschlachten-Veranstalten. Gott, du hast so vieles gemacht zum Freuen. Ich danke dir! Amen.

R. H.

23. JANUAR

Aufräumen

Das Aufräumen macht überhaupt keinen Spaß. Es ist doch immer dasselbe. Gerade wenn es am schönsten ist, heißt es: aufhören, aufräumen. Als würde Mutter nur darauf warten, bis es schön wird. Ich war heute ganz schön sauer, als Bianca

heimgeschickt wurde, weil es „Zeit“ war. Was heißt denn das, „Zeit“. Manchmal möchte ich auch schon groß sein. Dann will ich machen, was ich will. Und dann muß ich nicht auf die Großen hören. Immer aufräumen, das nervt echt!

GEBET

Aufräumen, aufräumen, als wäre das ganze Leben nur aufräumen! Muß man im Himmel bei dir dann auch aufräumen, Jesus? Oder kann man dann mal ungestört spielen, ohne aufzuräumen? So ähnlich stell' ich mir das bei dir mal vor. Aber noch bin ich auf der Erde. Hier ist halt alles anders. Und wenn ich es mir so recht überlege, ist es schon gut, wenn wieder alles an den Platz kommt. Eigentlich spiele ich dann am liebsten, wenn ich richtig Platz dazu habe. Und das ist halt nur dann so, wenn vorher aufgeräumt war. Es hat vielleicht doch alles seine Richtigkeit. Jesus, bitte gib mir doch, daß ich es in Zukunft fröhlicher tun kann, weil es dann viel leichter ist und auch noch viel schneller geht. Amen. R. H.

24. JANUAR

Kindergottesdienst ist fein!

Weihnachten ist schon eine ganze Weile vorbei, aber immer noch hat Anna nicht das neue Buch gelesen, das sie von Onkel Uli bekommen hat. „Es ist ein Buch über Jesus“, hatte Onkel Uli ihr erklärt, „darin stehen viele spannende Geschichten.“

Eigentlich interessierte Anna das alles nicht so sehr. Viel lieber spielte sie mit ihrem neuen Gameboy oder mit dem Barbiehaus. Deshalb blieb Onkel Ulis Buch bisher immer ein wenig abseits liegen.

Aber heute will Anna einmal hineinschauen. Zum Spielen hat sie keine rechte Lust, und Jana, ihre kleine Freundin, ist übers Wochenende zu Verwandten verreist.

Sie holt sich ein Glas Fruchtsaft und macht es sich auf ihrem Bett bequem. So, und jetzt her mit dem Buch . . .

Bald ist Anna so vertieft in die Geschichten über Jesus, daß sie gar nicht bemerkt, wie Papa nach Hause kommt. Erst, als er direkt neben ihrem Bett »Hallo, Anna!« sagt, schreckt sie zusammen. Es ist aber auch zu spannend, was da steht über das kleine Mädchen, das von Jesus wieder auferweckt worden ist, obwohl es doch schon tot war! Und dann die Sache mit den fünf Broten und den zwei Fischen – wie Jesus damit bloß 5000 Menschen satt machen konnte!

„Hallo, Papa! – Du, sag mal, hast du eigentlich auch schon mal etwas über Jesus gelesen?"

Der Papa setzt sich zu Anna auf die Bettkante. „Als ich in deinem Alter war, bin ich in den Kindergottesdienst gegangen. Da war eine Frau, die hat über Jesus erzählt. Das war sehr schön!"

„Hhm. – Was meinst du?" will Anna wissen, „gibt es bei uns auch irgendwo einen Kindergottesdienst?"

„Bestimmt. Wir können uns ja mal danach erkundigen. – Aber nun komm essen, das Abendbrot steht schon auf dem Tisch!"

GEBET

Herr Jesus, ich habe gelesen, daß man mit dir sprechen kann und daß du auch richtig zuhörst. Ich kann eigentlich noch gar nicht richtig beten, weil ich es noch nie gemacht habe. Deshalb komme ich mir auch irgendwie ein bißchen dumm dabei vor, weil ich dich jetzt doch gar nicht sehen kann. Aber wenn es stimmt, daß du immer zuhörst, dann will ich dir jetzt sagen, daß ich es super finde, wie du das Mädchen wieder auferweckt hast und wie du die paar Brote und die beiden Fische unter so vielen Menschen aufgeteilt hast! Amen. A. B.

25. JANUAR

Stille Zeit

Es ist aber auch zu dumm. Gerade jetzt, wo Andrea die Mutter so dringend braucht, sitzt diese mal wieder im Schlafzimmer auf ihrem Bett und will nicht gestört werden. „Stille Zeit" nennt Mutti das. Sie liest dann in der Bibel und möchte dabei ganz allein sein.

Andrea hat sich inzwischen daran gewöhnt und platzt schon längst nicht mehr so wie früher einfach ins Zimmer, nur um die Mutter um etwas zu bitten, was genausogut noch ein wenig länger Zeit gehabt hätte.

Aber heute geht es wirklich nicht anders. Seit der vergangenen Nacht hat sie einen riesigen Mückenstich am Arm, der jetzt ganz doll juckt. Andrea kann es einfach nicht mehr aushalten!

Leise öffnet sie die Tür zum Schlafzimmer und bittet die Mutter um eine Mückensalbe. „Diesmal konnte ich wirklich nicht länger warten, Mutti", sagt Andrea und zeigt der Mutter ihren Arm. „Es juckt so fürchterlich!"

Die Mutter nickt, holt eine Salbe und verteilt vorsichtig ein durchsichtiges Gel auf der geschwollenen Stelle. Ah, das tut gut! Gleich läßt das lästige Jucken nach. „Na, Andrea, das muß aber ein großer Mückenbrummer gewesen sein, was?"

„Sag mal, Mutti", will Andrea nun wissen, „warum liest du eigentlich so oft in der Bibel?"

„Nun, weil es Gottes Wort ist und weil es mir einfach guttut und mir hilft."

„Aber reicht es denn nicht, wenn man einfach weiß, daß man an Gott glaubt?"

Da schüttelt die Mutter den Kopf. „Nein, das reicht nicht. Es wäre so, als würde ich ein Samenkorn in die Erde stecken und mich anschließend nicht mehr darum kümmern. Ohne Licht, Wärme und Wasser würde niemals eine Pflanze daraus. Genauso ist es mit uns Christen. Auch unser Glaube braucht immer wieder Nahrung. Ja, und diese Nahrung ist halt Gottes Wort."

GEBET

Lieber Herr Jesus, ich glaube, du freust dich immer darüber, wenn ich mit dir spreche. Aber jetzt weiß ich, daß du auch mal mit mir reden willst. Mama sagt, in der Bibel steht ganz genau, was du uns Menschen sagen möchtest. Du weißt ja, daß ich eine richtige Kinderbibel habe. Ich hab' noch nicht oft hineingeschaut, aber ab heute will ich es tun. Bitte hilf mir, die Geschichten, die ich darin lesen werde, zu verstehen. Amen.

A. B.

26. JANUAR

Eine Menge Herbstlaub

Huh – ist das ein schmuddeliges Winterwetter heute! Naßkalte Böen fegen über die Häuser hinweg und blasen auch in die verstecktesten Winkel der Hecken und Büsche, um auch noch die allerletzten Blätter vom vergangenen Herbst von den Ästen zu zerren.

Eigentlich ist es kein Wetter, um im Garten zu spielen. Das finden zumindest die Erwachsenen. Die meisten von ihnen verbieten sogar ihren Kindern, nach draußen zu gehen. Bloß Marco kann niemand befehlen, im Kinderzimmer zu bleiben. Marco ist nämlich allein zu Hause. Seine Mutter ist berufstätig, und so ist Marco an drei Nachmittagen in der Woche sich selbst überlassen.

Oft ist das ja ganz schön langweilig, aber heute – heute ist Marco froh darüber. Er hat nämlich von seinem Kinderzimmerfenster aus im Garten eine Riesenmenge alter Blätter entdeckt, die der Wind zu einem breiten Haufen zusammengefegt hat. Darin will er herumstochern. Es könnte ja sein, daß ein Schatz darunter verborgen ist, oder etwa nicht?

Marco denkt sich oft solche Geschichten aus.

Er zieht sich seine Gummistiefel an und nimmt eine kleine Plastiktüte mit nach draußen. Vielleicht sind noch ein paar schöne Blätter darunter. Die will er dann pressen und Mutti schenken.

Ja, Marco findet sogar noch ganz viele schöne Blätter, als er den Laubhaufen draußen untersucht. Man kann sie zwar nicht mehr pressen, weil sie schon dunkel, manche sogar fast schwarz sind, aber sie sind noch heil.

Bald ist die Plastiktüte voll.

Als die Mutter später nach Hause kommt, muß sie zuerst in die Tüte schauen. „Guck mal, Mutti, eine ganze Tüte voll Herbst hab' ich für dich gesammelt!"

GEBET

Lieber Herr Jesus, danke für den schönen Laubhaufen. Mutti hat gesagt, einen richtigen Schatz aus Gold würde ich aber bestimmt nicht in unserem Garten finden. Schade, ich hätte ihr so gerne eine Perlenkette oder so etwas geschenkt. Aber über die Blätter hat sie sich sehr gefreut, und wir haben sie alle auf Zeitungspapier ausgebreitet, damit Papa sie nachher auch noch sehen kann. Jetzt haben wir mitten im Winter auch noch ein bißchen Herbst in unserer Wohnung! Amen. A. B.

27. JANUAR

Wie weit springt ein Floh?

Was, du weißt nicht, was ein Floh ist? Doch? Na klar weißt du es. Nur hast du wahrscheinlich noch keinen gesehen. Wer schon einen hatte, erzählt mit Grauen, wie dieses kleine Tier ihn mit Stichen quälte und doch kaum zu fangen war. Ein Floh hat etwa die Größe eines Stecknadelkopfes. Dieses Tier ist so winzig und kann dem Menschen doch unheimlich zusetzen mit Stichen, die jucken und schmerzen. Leider ist der Floh schwer zu fangen. Das liegt daran, daß er eine ungewöhnliche Eigenschaft hat. Er kann fast 100mal so weit springen, wie er selbst lang ist! Rechne einmal aus, wieviel das bei dir wäre.

Beim Floh sind das 30 Zentimeter. Grundlage für diese Sprungkraft sind seine Muskeln. Jeder Muskel, wenn er angespannt wird, verkürzt sich. Beim Erschlaffen verlängert er sich. Beim Floh wirkt die Befestigung dieser Muskeln an ein Außengerüst wie ein Hebel. So kann der Floh sich schnell in Sicherheit bringen, wenn einer ihm an den „Kragen" will.

„Solch ein kleines Tier, und so schwer beizukommen!", äußert sich Jason, als wir uns über den Floh unterhalten. „Ist es nicht komisch?" setzt er hinzu, „es ist doch wie bei uns auch: „Gerade die kleinen Dinge, die wir falsch gemacht haben, wollen wir gerne verheimlichen. Und dann plagen sie uns genauso wie den Wirt, den das Tier sich ausgesucht hat." – „Da haben wir es aber besser", wirft Rahel ein, „wir können unseren ‚Floh' viel leichter loswerden. Wir dürfen zu Jesus gehen und ihn um Vergebung und Hilfe bitten."

GEBET

Jesus, ich bin so froh, daß wir keine Flöhe haben. Aber du weißt, wie leicht ich manchmal versucht bin, unehrlich zu sein, wenn ich meine, es merkt doch keiner. Hilf mir, auch dann bei der Wahrheit zu bleiben, wenn es nur eine Kleinigkeit zu sein scheint. Amen. R. H.

28. JANUAR

Kindergarten und Freund

Am Anfang ging Salome nicht sehr gerne zum Kindergarten. Dort war es ihr einfach zu laut. Doch dann fand sie einen Freund dort, den Alexander. Seitdem freut sie sich auf den Kindergarten. Aber heute spielte Alexander mehr mit den anderen Kindern und ließ sie links liegen.

Salome kommt traurig nach Hause. „Mama, den Alexander mag ich am allerliebsten. Aber er mag mich nicht am allerliebsten. Er hat viel mehr mit den anderen gespielt." – „Wenn man einen ganz arg liebhat, dann muß man ihn auch ein bißchen tun lassen, was ihm Freude macht, nämlich auch mal mit den anderen spielen", erklärt Mutter.

„Ich will ihn aber für mich allein", protestiert Salome.

„Schau, mein Mädchen", sagt Mutter und nimmt sie dabei in die Arme, „du kannst niemanden dazu zwingen. Je mehr du ihn zwingst, um so weniger mag er dich."

GEBET

Lieber Herr Jesus, mir tut das weh mit dem Alexander. Ich weiß, daß du mich auch verstehst, noch besser als die Mama, die mir alles erklären will. Ich will einfach die beste Freundin von dem Alexander sein. Bitte, du kannst das doch machen?

Wenn ich jetzt so nachdenke, dann bist du bestimmt auch manchmal über mich traurig. Du hast mich ja auch so lieb und willst mein Freund sein. Aber oft denke ich gar nicht über dich nach. Meist kommt mir erst der Gedanke an dich, wenn ich etwas von dir will. Ich schäme mich richtig. Bitte verzeih mir. Amen.

R. H.

29. JANUAR

Essen

Am liebsten esse ich Spaghetti mit Tomatensoße. Auch Pommes frites schmecken herrlich. Aber der ganze Schnickschnack mit Salaten könnte dabei ruhig wegbleiben. Leider sind meine Eltern da anderer Ansicht. Sie meinen, das sei besonders wichtig, wegen der Vitamine. Doch heute sah ich im Fernsehen weinende, hungernde Kinder. Da dachte ich: Lieber Salat essen, als richtig arg Hunger zu haben.

GEBET

Hunger zu haben, stell' ich mir schlimm vor. Vorgestern waren wir ganz lange auf dem Spielplatz. Auf dem Heimweg rumorte mein Magen ganz schön. Da hab' ich an all die Kinder auf der Welt gedacht, die fast nichts zu essen haben. Jesus, da hab' ich mich so geschämt, daß ich manchmal so wählerisch bin. Hilfst du mir bitte, Jesus, daß ich nicht so viel murre, sondern mehr dankbar bin für alles, was es bei uns zu essen gibt?! Und kannst du bitte auch denen etwas geben, die zuwenig haben? Amen. R. H.

30. JANUAR

Viktor aus Rußland

In dem großen alten Gebäude neben unserem Haus wohnen ganz viele Menschen aus verschiedenen Ländern. Sie sind alle aus ihrer Heimat geflüchtet, hat Papa mir erzählt. Entweder war dort Krieg, oder sie hatten nicht genug zu essen, oder sie fanden keine Arbeit.

Dort drüben wohnt auch Viktor. Er ist mit seinen Eltern von ganz weither gekommen, aus Kasachstan. Das liegt in Rußland. Viktor und seine Eltern sind mehrere Tage unterwegs gewesen, und als sie endlich hier bei uns in Deutschland waren, mußten sie noch in ein Auffanglager. So nennt man die Heime, wo alle Flüchtlinge zuerst mal versorgt werden. Von dort kamen Viktor und seine Eltern dann in unsere Stadt, und seitdem wohnen sie da drüben.

Viktor geht jetzt in meine Klasse, aber er versteht noch kein einziges Wort deutsch. Und deutsch sprechen kann er erst recht nicht.

Aber nett ist er.

Als ich heute morgen mein Schulbrot vergessen hatte, durfte ich seines essen. Da war Wurst drauf. Eigentlich mag ich gar nicht so gerne Wurst, aber ich hab's halt gegessen, weil er sich so freute, daß er es mir geschenkt hatte.

Später habe ich ihm gezeigt, wo unsere Turnhalle ist.

Ich glaube, Viktor ist mein Freund.

GEBET

Danke, Herr Jesus, daß du den Viktor in unsere Stadt geschickt hast. Sicher willst du, daß wir Freunde werden. Ich will mich um ihn kümmern und ihm helfen, unsere Sprache zu lernen, das verspreche ich dir. Amen. A. B.

31. JANUAR

Ein Geschenk vom Winter

In unserem Garten lag vor ein paar Tagen hoher Schnee. So hoch, daß ich mit meinen Stiefeln ganz tief darin eingesunken bin. Ein bißchen Schnee ist mir dabei sogar oben in den Schaft hineingeraten – hu, ist das aber kalt gewesen!

Heute liegt nur noch ganz wenig Schnee draußen. Gestern und vorgestern ist es nämlich auf einmal so warm geworden, daß der meiste Schnee weggetaut ist. Schade, jetzt kann man keinen Schneemann mehr bauen, fast überall ist es matschig.

Aber hinten im Garten habe ich etwas Großartiges entdeckt: Da blühen nämlich die ersten richtigen Blumen – lauter Schneeglöckchen! Sie sind das Abschiedsgeschenk vom Winter, sagt Mutti.

Am liebsten würde ich die Blumen mitnehmen in unser Haus, damit wir sie immer sehen können und nicht erst in den Garten hinaus müssen. Aber Mutti meint, sie würden dann viel schneller verwelken, und das möchte ich nicht gern. Sie sehen doch so hübsch aus, die kleinen weißen Schneeglöckchen!

GEBET

Lieber Herr Jesus, ich weiß ja genau, daß die Schneeglöckchen kein Abschiedsgeschenk vom Winter sind, sondern daß du es bist, der sie wachsen läßt. Es ist ein Wunder, daß so schöne Blumen aus dem kalten Boden kommen können! Ich weiß gar nicht, wie du das schaffst, aber ich danke dir dafür. Amen.

A. B.

1. FEBRUAR

Der Zehnte

„Ab heute bekommst auch du Taschengeld", sagt Papa zu Salome an ihrem vierten Geburtstag. Bislang hatten nur die Großen so etwas bekommen. Salome ist ganz stolz, jetzt zu den Großen zu gehören.

„Gibst du jetzt auch den Zehnten für die armen Kinder?" will Rahel gleich wissen.

„Was ist denn das?" fragt Salome.

„Das ist der Teil, den du wieder zurückgibst an Gott", erklärt Rahel. „An den Gott oder die armen Kinder?" will Salome wissen.

„Eben an beide. Wenn du was den armen Kindern abgibst,

dann ist es so, als würdest du es Gott geben", sagt Rahel. Salome schaut ihr glänzendes Geldstück an. Es fällt ihr schwer, es herzugeben, wo sie es gerade bekommen hat. Doch als Papa es in verschiedene Münzen wechselt, damit sie die 10 Pfennige in die Armenkasse werfen kann, staunt sie: „Erst hab' ich nur eins gehabt. Jetzt hab' ich weggegeben, und dann krieg' ich noch viel mehr."

„Gott beschenkt uns, wenn wir anderen weitergeben", erklärt Mutter. Auch wenn das jetzt bei Salome nur so aussieht, als wäre es mehr, denn es sind nur mehr Münzen, aber nicht mehr Geld. Wenn wir geben, sind immer wieder wir selbst die Beschenkten.

GEBET

Jesus, ich freu' mich so, daß ich Geburtstag habe und jetzt zu den Großen gehöre. Und daß ich jetzt auch Taschengeld bekomme. Erst ist es mir ein bißchen schwergefallen, gleich wieder etwas davon abzugeben. Aber jetzt freu' ich mich, daß ich dir auch etwas schenken darf, wo du mir doch so viel geschenkt hast: mein Leben und meine Eltern und Geschwister. Und ich freu' mich, daß ich dabei auch den anderen helfen kann, die nicht so viel haben wie ich. Amen. R. H.

2. FEBRUAR

Gott sei Dank!

„Nicht, Markus!" ruft die Mutter erschrocken. „Die Kerze darfst du nicht anzünden. Du siehst doch, daß sie schon viel zu tief heruntergebrannt ist. Das Kerzenkränzchen könnte Feuer fangen, und im Nu wäre das schlimmste Unglück passiert!"

Schade. Markus pustet das Streichholz wieder aus und legt

es in den Aschenbecher. Er blickt der Mutter nach, die jetzt mit einem beladenen Tablett in die Küche hinübergeht. Er hätte die Kerze so gern einmal angezündet!

Da läutet in der Diele das Telefon. Markus hört, wie die Mutter sich meldet.

„Jetzt merkt sie es doch gar nicht, wenn ich rasch einmal die Kerze anzünde", denkt er und greift hastig nach den Streich-

hölzern. Nur mal ganz kurz! Und schon reißt er – ratsch! – ein Hölzchen an und hält die Flamme an den Docht der Kerze. Ah – schön sieht das aus!

„Markus!" tönt es von drüben. „Kommst du mal? Hier ist Sebastian am Telefon – er möchte dich sprechen."

Wie der Wind rutscht Markus vom Stuhl und rennt in die Diele. Die Kerze auf dem Tisch flackert wild, aber das sieht der Junge nicht.

Wie gut, daß die Mutter wenig später die Flasche mit dem Mineralwasser vom Eßzimmertisch holen muß. Sie kommt gerade in dem Augenblick dazu, als eine rosa Seidenblume des Kerzenkränzchens Feuer fängt. Mit einem Aufschrei greift sie kurzentschlossen nach der Flasche, schraubt den Verschluß ab und gießt einen kräftigen Schluck Mineralwasser über die Flammen!

Phhh – Gott sei Dank – das ist gerade noch mal gutgegangen!

GEBET

Heute habe ich wohl ziemlich Mist gebaut, Herr Jesus, das hast du ja gesehen. Aber trotzdem hätte Mutti doch nicht so mit mir schimpfen müssen, es ist ja eigentlich nichts Schlimmes passiert. Schließlich ist doch bloß das dumme Kerzenkränzchen kaputtgegangen, und der Tisch war naß, weil Mutti mit dem Mineralwasser löschen mußte.

Na ja, ich denk' mir, du willst jetzt sagen, daß es wohl besser gewesen wäre, wenn ich auf Mutti gehört hätte, nicht wahr? Du hast ja recht. Es war nicht gut, was ich gemacht habe, und es tut mir jetzt auch echt leid. Bitte sei mir nicht böse, ja? Ich will auch Mutti morgen um Entschuldigung bitten, das verspreche ich dir. Amen. A. B.

3. FEBRUAR

Gut, daß jemand aufgepaßt hat

Uiuiui – das ist aber gerade noch mal gutgegangen! Erschrocken preßt Julia die Hand auf das klopfende Herz. Obwohl sie beim Straßeüberqueren nicht einmal einen Fehler gemacht hatte, wäre trotzdem beinahe ein schlimmer Unfall passiert. Als Julia nämlich bei „Grün" über die Straße gehen wollte und bereits einen Fuß auf die Fahrbahn gesetzt hatte, brauste ein weißer

VW-Bulli mit großer Geschwindigkeit kurz vor ihrer Nase vorbei und hätte sie um ein Haar angefahren!

Julias Herz klopft immer noch ganz wild, und als sie zu Hause angekommen ist, muß sie zuerst der Mutter ihr aufregendes Erlebnis genau erzählen. Erst am Abend, als sie längst im Bett liegt, denkt sie darüber nach, was die Mutter geantwortet hatte: Wir müssen dankbar sein, daß Gott dich so bewahrt hat. Es hätte schlimm ausgehen können . . .

GEBET

Ja, Herr Jesus, es hätte heute morgen wirklich schlimm ausgehen können. Ich war heute morgen ganz schön erschrokken, aber jetzt weiß ich, daß du mich niemals aus den Augen läßt und daß mir nichts geschieht, was du nicht willst. Ich danke dir, daß du mich heute so beschützt hast. Amen. A. B.

4. FEBRUAR

Du bist einmalig!

„Jeder ist einmalig, auch du!" erklärt uns unser Lehrer. Er ließ jeden von uns seinen Fingerabdruck auf ein Blatt drücken. Wir haben vorher mit dem Stempelkissen unseren Zeigefinger blau gefärbt. Als alle ihren Finger daraufgedrückt haben, läßt er das Blatt durch die Reihen gehen. Torben sitzt neben mir. Sein Abdruck sieht ganz anders aus als meiner. Ob Gott noch immer neue Ideen hat bei so vielen Menschen? Der Lehrer behauptet, daß es keinen Fingerabdruck zweimal gibt und auch noch nie gab. „Jeder ist einmalig, und zwar nicht nur mit seinem Fingerabdruck", läßt er uns wissen. Und jeder hat auch andere Augen, Ohren. Bis hin zu unserem Gang sind wir verschieden. Und so hat ein jeder auch andere Begabungen." Das stimmt, denke ich.

Der Peter ist ganz super in Sport, aber dafür bin ich in Rechnen besser als er.

GEBET
Manchmal bin ich ein bißchen neidisch auf den Peter, weil er besser als ich ist im Sport. Da wäre ich auch gern so schnell wie er. Aber Jesus, du hast jedem andere Gaben gegeben. Und ich dank' dir, daß mir Mathe so leichtfällt. Hilf mir, nicht neidisch zu sein, sondern mich mehr zu freuen an dem, womit du mich beschenkt hast. Amen. R. H.

5. FEBRUAR

Hunger

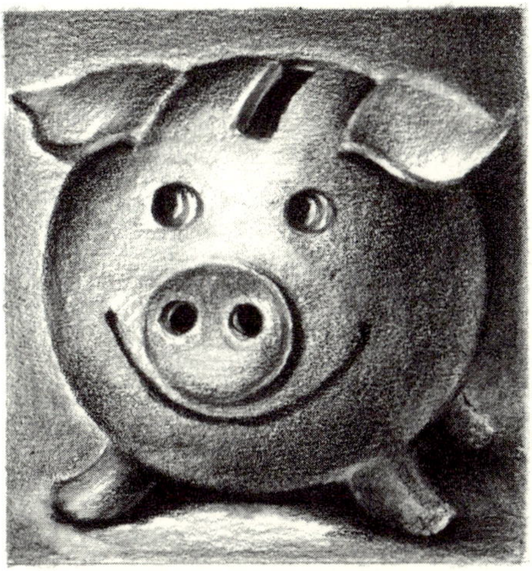

Mit dem Papa habe ich die Nachrichten gucken dürfen. Aber das war schrecklich. Sie zeigten Kinder, die furchtbar Hunger hatten. Sie sahen richtig jämmerlich aus. Seitdem geht mir das Bild nicht mehr aus dem Kopf. Ich schäme mich richtig, wie unzufrieden ich bin und immer noch mehr Wünsche habe. Und diese Kinder haben nicht einmal genug zu essen!

„Kann ich ihnen nicht einfach etwas von unserem Brot schicken?" frage ich Papa. „Wenn ich jetzt anfange, weniger zu essen, können wir ihnen dann nicht das Übrige bringen?" – „So einfach ist das nicht", erklärt mir Vater. „Wir können das Brot nicht verschicken, das würde in der Zwischenzeit hart und schimmelig werden. Aber du kannst jedes Mal einen Teil von deinem Taschengeld und was du sonst noch geschenkt bekommst, in einer Kasse sammeln. Dann werde ich es einer Mission oder anderen Organisation zuschicken, die sich für diese Menschen einsetzen." – „Aber hilft denn auch das Wenige?" will Rahel wissen.

„Vieles Wenige gibt auch ein Viel", sagt Vater.

GEBET

Jesus, ich bin so oft unzufrieden. Dann wünsche ich mir ein schöneres Fahrrad und noch einen neuen Wagen für meine Eisenbahn, einen Spielcomputer, wie mein Freund einen hat, und noch viele andere Dinge. Aber heute habe ich die armen Kinder gesehen, die nicht einmal genug zu essen haben. Jetzt schäme ich mich. Hilf mir, daß ich mehr an diese armen Kinder denke und dann dankbar werde für alles, was ich habe. Und bitte erinnere mich daran, daß ich jedesmal etwas weggebe, wenn ich selbst etwas bekomme. Amen. R. H.

6. FEBRUAR

Helfen ist besser als ärgern

„Mutti, was ist eigentlich, wenn andere Menschen über uns Christen lachen?"

Die Mutter dreht sich verwundert zu Katrin um. „Warum fragst du mich das? Hat denn heute jemand über dich gelacht?"

Langsam hängt Katrin ihren Anorak in der Diele auf. „Ja. Der Martin hat gelacht. Bloß, weil ich es blöd fand, daß er den Daniel geärgert hat. Daniel hat nämlich nicht mitmachen wollen, als sich die anderen Jungens geprügelt haben, und da hat der Martin ‚Feigling' zu ihm gesagt. Und dann hat er ihm noch seine Schultasche weggenommen und ins Gebüsch geworfen.

Der Daniel mußte sie nachher aus dem pieksigen Stachelbusch wieder rausholen. Ich hab' versucht, ihm dabei zu helfen, und dabei habe ich mir auch weh getan – hier, guck mal!" Empört hält Katrin der Mutter ihre zerkratzte Hand hin.

„Aber, Kind, was hat das alles denn mit deiner Frage zu tun? Du hast mich doch gefragt, was ist, wenn andere Menschen über uns Christen lachen?"

„Aber das ist es doch gerade! Ich hab' dem Martin gesagt, wenn er ein Christ wäre, dann hätte er das nicht getan. Da hat der Martin mich ausgelacht und gesagt: ‚Du spinnst.' Und ich – ich hab' bloß dagestanden und nicht gewußt, was ich sagen sollte."

Die Mutter setzt sich auf einen Stuhl und zieht Katrin ganz nah zu sich heran. „Ich glaube, es war gar nicht so wichtig, darauf etwas besonders Kluges zu antworten. Viel wichtiger war es, das Richtige zu tun, nämlich Daniel zu helfen, anstatt ihn zu ärgern. Wer weiß – vielleicht hat der Martin daraus am Ende mehr gelernt als aus Worten."

GEBET

Herr Jesus, es war ziemlich blöd heute in der Schule. Ich wollte so gern dem Martin erklären, wie ich das mit dem „Christsein" gemeint hatte, aber mir ist nichts eingefallen, und nachher war Martin ganz schnell weg. Trotzdem – ich bin froh, daß ich zu Daniel gehalten hab'. Danke, daß du mir den Mut gegeben hast, ihm zu helfen. Amen. A. B.

7. FEBRUAR

Ist man innen auch schmutzig?

Heute ist ein toller Tag! Katharina, meine Cousine, schläft heute nacht bei mir, und gleich werden wir vor dem Schlafengehen einen richtigen Budenzauber veranstalten. Mit Kissenschlacht und Mitternachtsparty und so. Aber zuerst geht's ab ins Badezimmer zum Zähneputzen und Waschen.

Huh, das Wasser ist eisig kalt! Mama sagt, das ist gut für die Durchblutung.

Jetzt sind noch die Zähne an der Reihe! Oma hat es gut, die braucht ihre Zähne nicht mehr zu putzen. Sie nimmt einfach ihre Zahnprothese raus, legt sie in einen Becher mit Wasser und gibt eine Brausetablette hinein. Wupps – am nächsten Morgen ist die Prothese sauber! Na ja, aber dafür kann sie nicht mehr kräftig in einen Apfel beißen, so wie ich. Bei mir kracht es immer richtig, wenn ich reinbeiße!

So, fertig. Schnell noch die Hände waschen . . .

Wie das schäumt und duftet! Trotzdem hilft die Seife nur für außen. Für innen gibt es wohl kein Putzmittel. Aber innen bin ich ja auch gar nicht schmutzig, oder?

GEBET

Herr Jesus, ich hab' Mama mal gefragt, ob man nicht vielleicht auch innen schmutzig sein kann. Sie hat gesagt, das könnte man. Das wäre bloß anderer Schmutz als außen. Sie hat gesagt, böse Gedanken und Neid und Haß und Geiz machen einen von innen schmutzig. Und dann hat sie noch gesagt, daß nur du uns davon wieder richtig saubermachen kannst. Guck doch jetzt bitte mal in mich hinein, Herr Jesus, und hilf mir dabei, daß ich auch innen sauber werde. Amen. A. B.

8. FEBRUAR

Pfefferfleisch ist scharf

Vor ein paar Tagen hatten wir Pfefferfleisch zum Mittagessen. Es schmeckt sehr gut, aber ich muß dabei immer furchtbar viel Mineralwasser trinken, weil es so scharf ist. Papa sagt, das liegt an der Peperoni. Das ist eine Pfefferschote, und die gehört unbedingt hinein, sagt Papa.

Und weil es in meinem Mund so brannte, hat Papa mir von den Geschmacksnerven erklärt, die alle Menschen auf der Zunge haben. Er hat mir auch gesagt, daß man mit der einen Seite der Zunge etwas Süßes schmeckt und mit der anderen Seite etwas Saures und daß man mit der Zungenspitze das Bittere schmeckt, und irgendwo gibt es noch eine Stelle, mit der man Salziges schmeckt.

Und der Gaumen ist auch dringend nötig, damit wir das Essen so richtig genießen können.

Papa hat noch gesagt, wenn man sich die Nase beim Essen oder Trinken zuhält, schmeckt man gar nichts mehr. Ich hab' das ausprobiert, und es stimmt wirklich. Das werde ich jetzt immer machen, wenn ich mal krank bin und eklige Medizin runterschlucken muß!

GEBET

Herr Jesus, ich hab' gar nicht gewußt, daß mein Mund so etwas Besonderes ist! Hast du wohl auch ein Lieblingsessen gehabt, als du noch hier auf der Erde warst? Und diese Geschmacksnerven – hattest du die auch auf deiner Zunge? Mama meint ja, weil du doch ein richtiger Mensch warst, genau wie wir. Bestimmt kannst du uns deshalb auch immer so gut verstehen, wenn wir mal traurig sind oder wenn uns was weh tut – weil du doch genauso warst wie wir. Das finde ich ganz toll. Amen.

A. B.

9. FEBRUAR

Warum kommt der Doktor?

Vorhin habe ich unsere Nachbarin im Hausflur getroffen. Sie wohnt mit ihrem Mann genau unter uns. Beide sind schon über 80 Jahre alt. Sie gehen noch jeden Tag spazieren und haben auch oft Besuch. Sie sind selten krank, meistens geht es ihnen recht gut. Bloß heute ist wohl etwas nicht so ganz in Ordnung. Der Doktor ist nämlich mit dem Auto gekommen und hat unseren Nachbarn untersucht. Er hat große Schmerzen in der Schulter, obwohl er sich gar nicht gestoßen hat.

Die Schmerzen waren in der Nacht so schlimm geworden, daß er sogar ein Zäpfchen nehmen mußte. Zäpfchen finde ich so eklig! Die Schulter muß ihm wohl sehr weh getan haben.

Unsere Nachbarin hat mir erzählt, daß ihr Mann eine Entzündung in der Schulter hat und daß der Doktor ihm eine

Spritze geben mußte. Spritzen finde ich noch ekliger als Zäpfchen!

Der Arme tut mir jetzt so leid, und ich muß dauernd an ihn denken. Ob er wohl im Bett liegen muß?

GEBET

Herr Jesus, du hast gesagt, wir können mit allen Dingen zu dir kommen und du würdest für uns sorgen. Ich muß immer an unseren Nachbarn denken, der unter uns wohnt. Die Entzündung in seiner Schulter tut ihm sehr weh, und seine Frau macht sich große Sorgen um ihn. Ich weiß, daß du ihm helfen kannst, bitte mach ihn ganz bald wieder gesund. Amen. A. B.

10. FEBRUAR

Schule

Am Anfang fand ich die Schule ganz toll. Es war anders als im Kindergarten. Man wurde schon ein bißchen wie ein großes Kind behandelt. Und jeder fragte: „Na, freust du dich, daß du jetzt in der Schule bist?"

Aber jetzt ist die Schule manchmal ganz doof. Ich habe so viele Hausaufgaben. Und wenn ich von der Schule heimkomme, dann darf ich nicht mal spielen gehen. „Hausaufgaben zuerst, Rahel", sagt Mutti. Dann bin ich oft ganz sauer und möchte alles hinwerfen.

Dabei spiele ich so gerne mit meinen Freundinnen. Mit der Bianca gehe ich Fahrradfahren, mit Julia darf ich ins Schwimmbad, mit Miriam reite ich auf unseren Ponys. Aber immer diese blöden Hausaufgaben!

Zum Geburtstag habe ich ein Buch bekommen über Kinder in anderen Ländern. Darin hab' ich gelesen, wie die mit acht

Jahren oft schon ganz schwer arbeiten müssen, von morgens bis abends. Und daß sie so gerne lesen und schreiben lernen würden. Da hab' ich auf einmal anders über die Schule gedacht.

GEBET
Die Schule macht mir oft keinen Spaß, lieber Gott. Immer soll man machen, was der Lehrer sagt. Und das viele Lesen und Schreiben macht mich ganz müde. Aber wenn ich mir dann vorstelle, wie andere Kinder immer arbeiten müssen, dann will ich nicht tauschen. Ich hab' ja noch ganz viel Zeit zum Spielen. Vielen Dank, daß ich in unserem Land leben darf. Und danke schön, daß ich auch in die Schule gehen darf. Sonst könnte ich vielleicht nie lesen und schreiben lernen. Es ist zwar ein bißchen anstrengend, aber eigentlich ist es auch schön. Danke, Gott, auch für die Schule und die Hausaufgaben. Amen.

R. H.

11. FEBRUAR

Gitta tut das Richtige

Im Sommer, wenn sich manchmal durch die geöffneten Fenster Bienen, Mücken oder Fliegen in den Häusern verirren, haben die Menschen oft eine rechte Last, die brummenden und sirrenden kleinen Plagegeister wieder zu vertreiben. Wer mag schon gern in der Nacht von einem dicken Brummer geweckt werden, der sich einem mittendrauf auf die Nase gesetzt hat? Da greift man schon mal nach der erstbesten Zeitung, um den Störenfried loszuwerden und rasch weiterschlafen zu können, nicht wahr?

Bei Gitta ist das nicht so. Gitta hat sich nämlich einen guten Trick einfallen lassen, Mücken oder auch Fliegen hinauszubefördern, ohne daß sie verletzt oder gar getötet werden. Sie stülpt

ganz einfach – sobald sich das Tier irgendwo niedergesetzt hat, wo sie es leicht erreichen kann – ein dickes Trinkglas darüber und schiebt dann vorsichtig und langsam eine Postkarte unter die Öffnung des Trinkglases. Schon ist der kleine Brummer gefangen, und sie kann ihn unverletzt aus dem Fenster in die Freiheit entlassen.

Jetzt ist erst Februar, und es sind noch weit und breit keine Bienen, Mücken oder Fliegen zu sehen. Aber dafür hat Gitta soeben im Schlafzimmer der Eltern eine Motte entdeckt! Es muß noch ein Mottenkind sein, denn das Tierchen ist erst so klein wie eine Stubenfliege. Eine so kleine Motte hat Gitta noch niemals zuvor gesehen!

Sie weiß, daß Motten ihrer Mutter ein Dorn im Auge sind. Mutti hat immer Angst davor, daß sich einmal eine in ihren

Kleiderschrank verirren und darin ihre Eier ablegen könnte. Das wäre aber auch wirklich schlimm, denn Mottenlarven fressen zu gern große Löcher in weiche Stoffe, und dann wäre es sicher bald um Muttis schöne Pullover und Kleider geschehen.

Trotzdem will Gitta die winzige Motte retten. Schließlich kann das kleine Tierchen ja nichts dafür, daß es ausgerechnet eine Motte ist, nicht wahr?

Flink holt sie aus der Küche ein Trinkglas und fängt die Motte geschickt damit ein. Papa, der sich das Ganze ansieht, lacht Gitta aus und sagt: „So ein Aufstand, und bloß wegen einer dummen Motte?“ Gitta ärgert sich darüber, aber als sie sieht, wie wenig später die kleine Motte draußen durch die kalte Luft flattert, weiß sie, daß sie es richtig gemacht hat.

GEBET

Herr Jesus, danke, daß ich es war, die die kleine Motte zuerst gesehen hat. Papa oder Mama hätten sie sicher nicht extra nach draußen gebracht, da bin ich ganz sicher. Amen. A. B.

12. FEBRUAR

Gute Früchte

Sommer ist schöner, denkt Sebastian, als er aus dem Küchenfenster in den feuchtkalten nebligen Garten hinausschaut. Sommer ist viel schöner als Winter.

Im Sommer haben alle Bäume ein grünes Blätterkleid an, Blumen blühen im Garten, und an den Beerensträuchern hängen die Früchte so dicht, daß die vielen Spatzen und Elstern dort einen reichgedeckten Tisch vorfinden.

Jetzt, im Winter, kann man nicht einmal erkennen, welches der Apfelbaum und welches der Pflaumenbaum ist. Beide sehen knorrig und düster aus und strecken ihre kahlen Äste weit von sich.

„Du Mutti, wenn nun ein Baum das ganze Jahr über keine Blätter tragen würde – woran könnte man denn dann erkennen, was für ein Baum es ist?"

„Na, denk mal scharf nach", antwortet die Mutter, „bestimmt kommst du selbst darauf!"

Ja, jetzt fällt es Sebastian ein: „Klar, du meinst die Äpfel und Birnen und so!"

Die Mutter nickt. „Genau! An ihren Früchten könnte man's erkennen. An ihnen kann man sogar auch sehen, ob ein Baum krank ist oder nicht, denn dann verändern sich auch seine Früchte."

„Hm", nickt Sebastian, „das ist genau wie bei mir. Wenn ich krank bin, dann verändere ich mich auch. Dann kriege ich so komische Flecken und Pusteln, oder ich werde ganz dünn."

Jetzt lacht die Mutter und fährt ihrem Sohn durch die kurzgeschnittenen Haare. „Du bist mir schon ein feines Früchtchen!"

GEBET

Herr Jesus, in der Bibel habe ich mal irgendwo gelesen, daß man an seinen Früchten erkennen kann, ob ein Mensch zu dir gehört oder nicht. Klar, daß du mit „Früchten" nicht Äpfel oder Birnen oder Pflaumen meinst.

Mama hat mir erklärt, es könnte auch heißen: „Daran, was ein Mensch denkt und tut, kann man erkennen, ob er ein Christ ist oder nicht." Bitte hilf mir, daß ich gute Früchte trage, so wie ein gesunder Baum. Amen. A. B.

13. FEBRUAR

Sprache

„Das Meerschweinchen Julia hat mich gebissen!" Weinend und empört zeigt Salome der Mutter den blutenden Finger. Mutter holt ein Pflaster und versucht zu trösten: „Das nächste Mal sagst du der Julia, daß Beißen bei uns nicht erlaubt ist." Jetzt muß Salome lachen: „Aber, Mama, du weißt doch selbst, daß sie das nicht versteht. Sie ist doch kein Mensch, und deshalb kann sie mich auch nicht verstehen."

Abends unterhalten wir uns nochmals über das, was so alles los war. „Wenn ich nun ein Meerschweinchen wäre, dann könnte ich Julia doch verstehen?" will sie wissen.

„Ja natürlich", antworte ich.

„Ich bin aber trotzdem froh, daß ich kein Meerschweinchen bin, auch wenn ich dann die anderen Meerschweinchen verstehen könnte", denkt Salome nach.

„Gott wußte, daß die Menschen ihn nur dann richtig verstehen konnten, wenn er als Mensch in ihrer Sprache sie anredete. Deshalb ist Jesus auf diese Welt gekommen", erklärt Mutti. „Bin

ich aber froh, daß er gekommen ist", sagt Salome, „sonst wüßten wir vielleicht bis heute nicht, wie sehr er uns liebt."

GEBET

Bin ich froh, daß du auf diese Welt gekommen bist, lieber Jesus! So weiß ich auch, daß du mich liebhast.

Wie froh bin ich auch, daß du alle Sprachen der Welt verstehst. Wenn du nur chinesisch verstehen würdest, das wäre schlimm. Das soll eine besonders schwere Sprache sein. Die müßte ich dann erst lernen.

Wie gut, daß du alles verstehst. Auch, wenn ich traurig bin. Du verstehst sogar, wenn ich gar nichts rede, weil du in das Herz von uns Menschen hineinsehen kannst. Jesus, danke, daß ich zu dir gehören darf. Amen. R. H.

14. FEBRUAR

Ein stürmischer Schulweg

Du meine Güte, heute weht aber ein starker Wind! Melanie und Saskia müssen sich auf ihrem Schulweg kräftig gegen die heftigen Böen anstemmen. Sie können sich nicht einmal miteinander unterhalten, denn sobald eine von ihnen den Mund öffnet, um etwas zu sagen, bekommt sie keine Luft mehr. Sofort schießt der Sturm in ihren Hals und nimmt ihnen den Atem.

So sehr hat es lange nicht mehr gestürmt!

Melanie und Saskia haben sich an den Händen gefaßt. Sie finden das Brausen und Heulen richtig spannend. Mit gebeugten Rücken und gesenkten Köpfen kämpfen sie sich über den Bürgersteig.

Als ihnen ein Mann mit einer Aktentasche entgegenkommt, sehen sie sich an und lachen. Der Wind schiebt ihn nämlich von hinten so kräftig an, daß er die beiden Mädchen fast umrennt! Und jetzt greift eine Böe sogar noch ganz frech nach seinem Hut und läßt ihn lustig über den Bürgersteig tanzen!

Melanie und Saskia haben ihren Spaß. Es sieht aber auch zu lustig aus, wie der Mann an ihnen vorbeistolpert und versucht, seinen Hut wieder einzufangen. „Hey, halt! Bleib hier!“ ruft er dabei, so, als könne der Hut ihn verstehen. Die Mädchen bleiben stehen und prusten los vor Lachen. Aber gleich zerrt der Sturm ungeduldig an ihren Anoraks und läßt die Jackenärmel flattern, als wären sie aufgeblasen.

Später, als die beiden Mädchen in der Schule angekommen sind, sehen sie aus, als wären sie eben erst aufgestanden. So zerzaust sind ihre Haare!

GEBET

Herr Jesus, Mama hat mir mal irgendwann gesagt, daß es manchmal ganz schön schwierig sein kann, Christ zu sein. Weil die Menschen, die dich nicht kennen, uns nicht immer verstehen können und uns oft nicht glauben, was wir von dir erzählen. Sie hat gesagt, das sei wie ein starker Gegenwind.

Heute war draußen auch ein starker Gegenwind, als ich zur Schule gegangen bin. Aber ich bin trotzdem in der Schule angekommen.

Bitte hilf mir, daß ich in dem Gegenwind, den Mama gemeint hat, auch stark bin! Amen. A. B.

15. FEBRUAR

Ein toller Spaziergang

Eigentlich wollte ich mir einen besonders guten Kinderfilm im Fernsehen ansehen. Er sollte von Blumen und Tieren handeln und dabei richtig spannend sein. Aber als ich am Nachmittag den Fernseher anschaltete, flimmerte der Bildschirm bloß wie verrückt, und es kam kein einziger Ton heraus. Ich habe ganz schnell meinen Bruder geholt. Der kann sonst immer alles reparieren, aber diesmal wollte es einfach nicht klappen. Der Fernsehapparat war kaputt.

Natürlich war ich sehr enttäuscht, vor allem, weil meine Mutter schon vorher von dem Film geschwärmt hatte. Sie kannte ihn wohl schon und hat mich richtig neugierig gemacht.

Na ja, sie hat gemerkt, wie traurig ich war, weil ich ihn nun nicht sehen konnte. Deshalb schlug sie mir vor, zusammen einen schönen langen Spaziergang zu machen. Aber nicht einfach so auf einem langweiligen Bürgersteig, sondern querfeldein über Wiesen und Felder. Ich fand die Idee ganz gut; denn ich hatte sowieso keine Lust, irgend etwas zu spielen, und bin mitgegangen.

Als wir noch gar nicht weit gekommen waren, haben wir den ersten Schmetterling in diesem Jahr entdeckt, der war schneeweiß. Wir konnten uns gar nicht erklären, wo der herkam, denn es war noch ganz ordentlich kalt, obwohl die Sonne schien.

Mutti hat mich dann mitgenommen zu der Pferdekoppel hinter der Molkerei und mir den Esel gezeigt, der dort steht. Er hatte ganz traurige Augen, aber als wir ihm unsere Möhren gegeben haben, hat er sich richtig gefreut. Das habe ich genau gesehen.

Und Krähen waren auf den Feldern – so viele Krähen! Es sah aus, als hätten sie sich dort versammelt, um eine Besprechung

abzuhalten. Als ich in die Hände geklatscht habe, sind sie fast alle fortgeflogen. Mama hat gemeint, ich könnte mich gut als Vogelscheuche auf das Feld stellen, das würde die Bauern bestimmt freuen! Da habe ich gesagt, das sollte sie lieber selber machen, sie wäre doch viel größer als ich. Als wir uns vorstellten, wie das aussehen würde, mußten wir so lachen, daß uns der Bauch wehtat.

An den Film im Fernsehen habe ich gar nicht mehr gedacht. Kein Wunder: Nahsehen ist eben besser als Fernsehen!

GEBET

Herr Jesus, am Anfang war ich richtig sauer auf dich, weil du nicht dafür gesorgt hast, daß der Fernseher wieder lief, obwohl ich doch extra ins Badezimmer gegangen bin und ganz allein so dringend dafür gebetet hatte. Aber jetzt weiß ich: du hattest etwas viel Besseres mit mir vor! Der Spaziergang mit Mutti war so schön – viel schöner als der Fernsehfilm, da bin ich ganz sicher. Amen. A. B.

16. FEBRUAR

Ich bin krank

Als ich heute morgen aufwachte, brummte es mächtig in meinem Kopf. Auch der Hals schmerzte heftig beim Schlucken. Langsam zog ich mich an und machte mich für die Schule fertig.

„Wie siehst du denn aus?" fragt Mama erschreckt, als ich in die Küche komme. Sie fühlt meine Stirn an und stellt fest: „Jason, du hast sicher Fieber. Du fühlst dich ja ganz heiß an. Ab mit dir ins Bett. Heute kannst du nicht in die Schule gehen."

Eigentlich bin ich sehr froh, daß ich wieder ins Bett darf, weil mir alles weh tut. Komisch, wenn ich manchmal noch gerne schlafen wollte, weil das Bett am Morgen so schön warm ist, dann wünschte ich mir, krank zu sein. Jetzt bin ich krank. Aber nun ginge ich viel lieber in die Schule, als die Schmerzen zu haben!

GEBET

Jesus, hier liege ich im Bett, weil ich krank bin. Die anderen gehen jetzt in die Schule. Eigentlich gehe ich gar nicht so gern in die Schule. Aber jetzt würde ich viel lieber gehen, als im Bett zu liegen und Schmerzen zu haben. Außerdem ist es langweilig, wenn keine Freunde da sind. Bitte hilf mir, daß die Schmerzen wieder weggehen. Ich will auch nicht mehr jammern, daß ich zur Schule muß. Amen. R. H.

17. FEBRUAR

Die Glühbirne

Als ich fünf Jahre alt wurde, bekam ich zum Geburtstag eine Lampe geschenkt, ganz für mich allein. Papa montierte sie an der Wand über meinem Bett. Abends kann ich jetzt noch ein Bilderbuch anschauen, bevor ich schlafe, und es ist ganz hell. Ich mag dieses Licht. Mitten in der Nacht einfach am Band ziehen: Klick, schon leuchtet es.

Heute abend hat es aber nicht funktioniert. Sooft ich auch zog, es blieb dunkel. Es war zwar alles wie sonst auch. Es machte sogar „klick", aber es ging trotzdem nicht an. „Papa", rufe ich, „es macht klick, aber es kommt kein Licht." – „Was macht klick?" fragt Papa aus der Küche zurück.

„Das Licht!"

Kopfschüttelnd betritt Papa mein Zimmer. „Welches Licht macht klick?" will er wissen.

„Meines an der Wand", zeige ich ihm. „Das ist nur der Schalter, von dem du das Geräusch hörst, Rahel. Der unterbricht die Stromleitung zur Glühbirne oder stellt sie wieder her", erklärt der Vater.

„Aber warum geht sie dann nicht an, wenn der Strom hineinkommt?" will ich wissen.

„Meist liegt es nur an der Glühbirne. Manchmal reißt der kleine Draht, der zum Glühen kommt, durch. Und dann ist der Strom an dieser Stelle unterbrochen. Das ist ähnlich, wie wenn der Schalter auf ‚aus' gestellt ist. Wenn der Strom nicht durchfließen kann, bringt er die Glühbirne nicht zum Leuchten, und es bleibt dunkel."

Vater dreht die Birne aus der Fassung der Lampe heraus. Er zeigt Rahel den feinen Draht darin, der an einer winzigen Stelle zerstört ist.

„Aber das ist ja nur so wenig. Das kann doch gar nicht daran liegen", ruft Rahel empört.

„Ja, mein Mädchen, ob dir das nun paßt oder nicht, das ist die Ursache. Wenn du willst, kann ich dir eine neue Glühbirne in die Lampenfassung schrauben. Aber wenn du meinst, das sei zu winzig, als daß es daran liegen könnte, kannst du auch gerne wieder die alte Birne haben." – „Nein, nicht die alte, gib mir eine neue Birne", bittet Rahel.

Als die neue Birne eingeschraubt ist, leuchtet die Lampe wieder hell auf.

GEBET

Herr Jesus, ich konnte das heute kaum glauben, daß es nur an dem kleinen Riß in dem winzigen Draht liegt. Manchmal sind es wirklich kleine Dinge, die alles durcheinanderbringen. Ich denke da an heute morgen. Wir haben eine Neue in der Klasse. Um mich mit ihr anzufreunden, hab' ich ihr von unseren Tieren erzählt. Und dann sagte ich ihr auch, wie gut ich unsere Ponys schon alleine zäumen kann. Komisch, da war gleich solch ein dummes Gefühl in mir. Und ich wußte auch, warum: Ich kann das nämlich noch gar nicht so gut. Dann versuchte ich, mein Gewissen zu beruhigen: Das war doch nur ein bißchen übertrieben!

Aber jetzt weiß ich: Auch nur ein kleines Bißchen kann Dunkelheit verursachen. Wie bei meiner Lampe.

Bitte, Herr Jesus, vergib mir, wo ich angegeben habe mit etwas, das nicht stimmt! Amen. R. H.

18. FEBRUAR

Ein Baum als Piratenschiff

Wieder einmal hockt Carsten in den weit ausladenden Ästen des alten Apfelbaumes und liest ein spannendes Abenteuerbuch. Eigentlich ist für einen solch luftigen Freisitz noch nicht die richtige Jahreszeit, denn der Baum trägt noch kein einziges grünes Blatt. Aber das macht Carsten nichts aus. Hier im Garten stört ihn sowieso niemand, und in dem knorrigen alten Baum läßt es sich beim Lesen so schön träumen. Manchmal stellt sich Carsten vor, er sei selbst der Held seines Buches und müßte gefährliche Abenteuer bestehen. Und wer besteht schon Abenteuer in einem langweiligen Wohnzimmersessel?

Carsten reckt sich, aber ganz vorsichtig, damit ihm das aufgeschlagene Buch nicht von den Oberschenkeln rutscht. Ganz steif ist er schon vom langen gebeugten Sitzen. Außerdem knurrt sein Magen so laut, als hätte er mindestens drei Tage lang nichts zu tun bekommen. Also Schluß für heute, jetzt wird erst einmal etwas gegessen!

Als Carsten gerade mit dicken Backen an seinem Brot kauend am Küchentisch sitzt, kommt der Vater herein.

„Da bist du ja! Ich habe dich schon gesucht, hast wohl mal wieder in deinem Baum gesteckt, was?"

„Klar!" grinst Carsten und wischt sich mit dem Handrücken über den Mund. „Da draußen kann ich viel besser lesen als hier drin. Der Baum ist so doll stark und mächtig – der ist wie ein richtiges Piratenschiff!"

„Na, du hast aber eine Phantasie!" Der Vater schüttelt den Kopf. „Obwohl – das Stärkste und Mächtigste an deinem Baum ist ja gar nicht der Stamm mit seinen vielen breiten Ästen, sondern unten in der Erde seine Wurzeln. Die sind es nämlich, die den riesigen Baum festhalten und dafür sorgen, daß er nicht einfach beim nächsten Sturm umgeweht wird. Wenn die sich nicht samt Pfahlwurzel so fest in die Erde krallen würden, wäre es schlimm um dich bestellt – du würdest nämlich bei der nächsten Windböe wie ein Vogel aus dem Nest fallen."

„Hm", macht Carsten. Darüber muß er erst mal nachdenken.

GEBET

Herr Jesus, Papa hat gesagt, mit uns Menschen ist es wie mit den Bäumen. Wir müssen uns ganz festhalten an dir, so wie die Wurzeln in der Erde. Dann brauchen wir vor nichts wirklich Angst zu haben. Bitte hilf mir, daß ich immer daran denke. Amen. A. B.

19. FEBRUAR

Andreas fürchtet sich

Den ganzen Tag lang kann Andreas an nichts anderes denken als an den kommenden Abend. Die Eltern wollen ihn nämlich zum ersten Mal für zwei Stunden ganz allein lassen, weil sie drüben bei den Nachbarn eingeladen sind. Andreas hat so getan, als würde ihm das überhaupt nichts ausmachen. Schließlich sei er ja ein Junge, hatte Papa gesagt, und Jungen haben keine Angst, wenn sie allein sind.

Das stimmt aber nicht. Andreas hat sogar große Angst davor.

Als die Mutter ihm später den Zettel mit der Telefonnummer der Nachbarn auf den Nachttisch legt und ihm einen Gute-Nacht-Kuß gibt, wird es ernst.

Am liebsten würde Andreas sie nicht mehr loslassen,so lange drückt er sie. Warum kommen die Nachbarn denn nicht einfach hierher? Die Eltern könnten ruhig die Kinderzimmertür und auch die Wohnzimmertür ganz fest zumachen und so tun, als wäre Andreas gar nicht da – wenn sie bloß hierblieben!

Erst als die Mutter sich mit einem energischen Ruck aus Andreas' Umarmung befreit, läßt er sie gehen.

Kurz darauf fällt die Tür ins Schloß.

GEBET

Herr Jesus, sonst betet Mutti immer mit mir zusammen. Heute hat sie es wohl ganz vergessen. Ich finde es gar nicht gut hier so allein und – dir kann ich's ja sagen: ich hab' sogar ganz schön Angst. Überall knackt es so komisch und überhaupt. Du hast versprochen, daß du immer bei mir bist, wenn ich dich brauche – jetzt komm bitte ganz schnell, und mach, daß ich mich nicht mehr so fürchte. Amen. A. B.

20. FEBRUAR

Ein Licht im Tunnel

Joscha ist mit seinen Eltern bei Tante Doris zu Besuch. Stolz wie ein kleiner König thront er auf ihrem Schoß und erzählt ihr von der spannenden Bahnfahrt.

„Alles war toll – alles, alles!" schwärmt der kleine Junge und klatscht in die Hände. „Die Schienen, der riesen-riesen-riesenlange Zug und die Bahnhöfe – alles war toll! Aber am tollsten war . . ." und er beugt sich zu Tante Doris' Ohr hinüber und flüstert geheimnisvoll hinein: „. . .der dunkle Tunnel!"

„Der Tunnel?" staunt Tante Doris und sieht Joscha gespannt an. „Erzähl mal – was war denn Besonderes an dem Tunnel?"

Joscha legt den Finger an die Nase und überlegt: „Na, das Licht!"

Tante Doris stutzt. „Das Licht? Aber im Tunnel ist es doch ganz dunkel! Meinst du die Lampen im Zug?"

„Nee!“ ruft Joscha, „das Licht am Ende – wo der Tunnel aufhört!“

Tante Doris lacht. Jetzt weiß sie, was Joscha meint!

Ja, es ist herrlich, wenn es nach einer dunklen Zeit langsam wieder heller wird um uns herum. Es ist wie mit einem großen Kummer: Wie schön ist es, wenn einer kommt, der uns tröstet, wenn wir traurig sind...

GEBET
Herr Jesus, du bist für uns wie das Licht am Ende eines dunklen Tunnels. Wenn du uns tröstest und bei uns bist, müssen wir uns nicht mehr fürchten. Amen. A. B.

21. FEBRUAR

Martinas Radiergummi

Ich glaub', ich habe etwas gestohlen. Das heißt, ich weiß nicht so genau, ob das wirklich stehlen war, aber jetzt, wo ich darüber nachdenke . . . Es war nämlich so:

Die Martina hatte einen neuen Radiergummi in ihrem Etui liegen. Den hatte sie von ihrem Onkel geschenkt bekommen. Der besitzt ein Schreibwarengeschäft. Jedenfalls gefiel mir der Radiergummi so gut, daß ich dauernd hinschauen mußte.

Ich hätte ihn so gern einmal ausprobiert, aber Martina hat es nicht erlaubt.

Als es später zur Pause klingelte, ist Martina aus Versehen

gegen ihr Rechenbuch gestoßen, und dabei ist der Radiergummi vom Tisch gefallen. Keiner hat es gesehen, bloß ich.

Beim Hinausgehen hab' ich mich rasch gebückt und ihn eingesteckt. Ich wollte ihn ihr auf dem Schulhof zurückgeben und sie fragen, ob ich ihn jetzt nicht doch mal ausprobieren darf. Weil ich ihn doch gefunden hatte.

Aber es war so, als würde er in meiner Hosentasche festkleben. Ich konnte ihn einfach nicht herausholen, obwohl ich es wirklich gewollt hab'.

Martina hat den Radiergummi nachher gesucht, und alle Kinder haben ihr dabei geholfen. Mir war gar nicht wohl, am liebsten wäre ich nach Hause gelaufen.

Dann fiel mir ein, ihr Onkel würde ihr wohl einen neuen mitbringen, und als ich das dachte, war mir ein bißchen wohler.

Und jetzt? Jetzt sitze ich auf meinem Bett und denke, daß ich gestohlen habe. Den Radiergummi habe ich seit heute morgen noch kein einziges Mal aus meiner Hosentasche herausgeholt, und ich will ihn auch gar nicht mehr ausprobieren.

GEBET

Herr Jesus, jetzt sitze ich in der Tinte. Hätte ich doch bloß den Radiergummi gleich auf dem Schulhof zurückgegeben. Martina hätte sich gefreut, und alles wäre gut gewesen. Jetzt ist nichts gut. Ich muß immer daran denken, daß du gesagt hast, wir sollen nicht stehlen. Nicht einmal ein kleines bißchen Stehlen hast du uns erlaubt. Bitte vergib mir, daß ich es trotzdem getan habe. Es tut mir inzwischen sehr leid, und ich will gleich morgen alles wieder in Ordnung bringen – am besten noch vor der Schule! Das verspreche ich dir. Amen. A. B.

22. FEBRUAR

Viele Flammen im Wasser

Manchmal fällt es mir ganz schön schwer, sonntags immer so früh aufzustehen, um in den Kindergottesdienst zu gehen. Manchmal möchte ich einfach in meinem kuscheligen warmen Bett liegenbleiben und so lange schlafen, bis ich von selbst aufwache. Davon will aber meine Mutter nichts wissen. Sie wirft mich jeden Sonntag pünktlich um halb neun aus den Federn und treibt mich ins Badezimmer. Ich maule dann herum und finde das frühe Aufstehen blöd, aber nachher gefällt es mir meistens im Kindergottesdienst richtig gut!

Zum Beispiel letzte Woche: Wir sollten mal in Ruhe darüber nachdenken, warum alle Christen Gemeinschaft brauchen. Fast allen ist etwas dazu eingefallen, auch mir. Ich habe gesagt, daß man sich gegenseitig stärkt.

Da hat unsere Kindergottesdiensthelferin uns etwas gezeigt, das fanden wir alle super, und alle haben verstanden, was sie damit meinte. Sie hat nämlich eine große Schüssel mit Wasser geholt und sie zwischen uns auf den Tisch gestellt. Die Vorhänge wurden zugezogen, und es war fast dunkel im Raum. Jeder von uns bekam ein Teelicht, aber nur das erste wurde mit einem Streichholz angezündet. Katrin, die das brennende Teelicht in der Hand hatte, sollte es nun in die Schüssel setzen.

Wir anderen standen drumherum und sahen zu, wie es darin

schwamm. Die Flamme war nur klein, aber sie gab ein gemütliches Licht. Keiner von uns sagte etwas, es war ganz still.

Nach einer Weile sollte der nächste kommen und sein Teelicht an Katrins Teelicht anzünden und es ebenfalls schwimmen lassen. Danach kamen langsam alle anderen an die Reihe, und mit jedem neuen Teelicht wurde es heller um uns herum. Am Ende schwammen fünfzehn brennende Kerzen auf dem Wasser, und sie erhellten den ganzen Raum!

GEBET

Herr Jesus, sei mir bitte nicht böse, daß ich sonntags so ungern aufstehe, denn eigentlich gehe ich ja gern in den Kindergottesdienst. Ich weiß jetzt auch, wie wichtig es ist, daß wir regelmäßig zusammenkommen und Gemeinschaft miteinander haben. Es ist so wie mit den Teelichtern. Eines allein kann nur wenig Licht verbreiten, aber viele zusammen ergeben ein helles Feuer, und niemand kann es übersehen! Amen. A. B.

23. FEBRUAR

Was macht der Mann im Mond den ganzen Tag lang?

Es ist spät am Abend. Salome liegt im Bett. Hell scheint der Mond durchs Dachfenster herein. Als Mutti zu ihr ans Bett kommt, um mit ihr zu beten, fragt sie: „Der Mond hat ja ein richtiges Gesicht. Man meint, er schaut einen direkt an. Was macht er denn den ganzen Tag über? Ist ihm denn nicht langweilig?“

Mutti lacht: „Nein, langweilig ist ihm nicht. Er ist ja kein Mensch. Das, was du als Gesicht erkennst, sind in Wirklichkeit riesige Gebirge und Täler. Und was er den ganzen Tag über macht? Nun, dasselbe wie in der Nacht. Er zieht seine Bahn immerzu um die Erde. Dabei dreht er, wenn es bei uns Tag ist, auf der anderen Seite der Erde seine Runde, weil es dann eben dort Nacht ist. Er ist also immer im Einsatz, nur nicht immer bei uns."

„Da wird man ja schon müde beim Drandenken. Bin ich aber froh, daß ich dazwischen auch mal schlafen darf", seufzt Salome.

GEBET

Lieber Herr Jesus, manchmal geh' ich gar nicht gern schlafen. Dann sind noch so viele Ideen in meinem Kopf, was ich spielen könnte. Aber wenn ich nie schlafen gehen könnte, das wäre auch schlimm. Ich bin ja so froh, daß ich ein solch schönes, weiches Bett habe, in das ich mich kuscheln kann. Und ich dank' dir auch für meine liebe Mutti, die jetzt bei mir sitzt. Amen.

R. H.

24. FEBRUAR

Hatten Adam und Eva einen Bauchnabel?

Da sitzen wir um den Küchentisch und diskutieren. Fast wird ein Streit daraus. Dabei hat alles so wunderschön angefangen. Wir sprachen nämlich über das Paradies und über Adam und Eva. Aber dann wollte Rahel unbedingt wissen, ob Adam und Eva auch einen Bauchnabel hatten. Wenn Gott sie geschaffen hatte, war dann gleich auch ein Bauchnabel dran? „Natürlich nicht!" wußte Ruben zu sagen, denn der Bauchnabel ist nur das Überbleibsel von einer Geburt. Dadurch wurde das Baby im Mutterleib ernährt. Und Adam und Eva wuchsen nicht im Bauch einer Frau, sondern wurden von Gott geschaffen." Jason denkt nach: „Vielleicht hat Gott doch einen Bauchnabel daraufgesetzt, damit die Kinder von Adam und Eva sich nicht anders vorkamen als ihre Eltern."

Jeder ist überzeugt, daß seine Meinung stimmt. Mutti schlichtet schließlich den Streit: „Wir wissen es nicht, weil es nicht dabeisteht. Eigentlich hätten sie keinen gebraucht. Aber als Gott sie fertig geformt hatte, tippte er vielleicht Adam an und sagte: ‚Du sollst ein Mann sein', und bei der Eva tat er das gleiche und meinte: ‚Du sollst eine Frau sein.' Und vielleicht war dies dann der Bauchnabel."

GEBET

Vater im Himmel, so gerne wäre ich damals auch im Paradies dabeigewesen, wo alles so schön und vollkommen war. Aber irgendwie bin ich auch froh, daß ich hier auf der Erde lebe und einen Vati und eine Mutti und auch noch Geschwister habe. Ob die damals einen Bauchnabel hatten oder nicht, ist mir sowieso egal. Wenn es mir im Himmel bei dir später noch wichtig ist, kann ich dich ja danach fragen. Amen. R. H.

25. FEBRUAR

Jesus brauchen wir jeden Tag

Kirsten räumt ihr Kinderzimmer auf. Du meine Güte – hier sieht es aber auch bunt aus! Überall liegen Spielsachen herum: Puppenkleider, Stofftiere, Playmobilfiguren, Bücher, Papier – kein Wunder, daß die Mutti schimpft.

Wo soll Kirsten bei dem Durcheinander bloß anfangen mit dem Aufräumen? Sie zieht eine Grimasse und sieht sich um. Vielleicht sollte sie zuerst einmal das Papier einsammeln, denn manche Bogen sind noch leer und könnten gut bis zum nächsten Malen aufbewahrt werden.

Seufzend klaubt Kirsten sie hier und da heraus und legt sie auf ihren Schreibtisch. Da ist ja auch der Weihnachtskalender mit den vielen bunten Bildchen hinter den kleinen Fenstern! Ob sie ihn auch aufbewahren soll? Sie sind so hübsch – das zierliche Schaukelpferdchen, die leckere braune Brezel und der niedliche Teddybär. Sicher ist es gar nicht so schwierig, sie alle abzumalen . . .

Kirsten betrachtet den Kalender, dessen Silberauflage im Schein der Zimmerlampe an manchen Stellen kostbar glänzt. „Schön ist er", denkt das kleine Mädchen und fährt vorsichtig mit dem Finger über die rauhen, glitzernden Stellen.

Die Zahlen auf den offenstehenden Fensterläden kann man nur sehen, wenn man die Fenster wieder schließt. Nacheinander drückt Kirsten sie langsam zu, und bald sind all die schönen Dinge wieder hinter den Läden verschwunden.

„Euch brauche ich jetzt nicht mehr", murmelt sie dabei, „und bis zum nächsten Weihnachtsfest dauert es noch ganz lange." Doch als sie das große Tor mit der goldenen 24 zudrükken will, zieht sie auf einmal ihre Hand zurück. Nein, das, was auf diesem Bild ist, braucht sie noch. Das braucht sie das ganze Jahr über. Auf diesem Bild ist nämlich die Heilige Familie: Maria, Josef und das Jesuskind in der Krippe. Kirsten will das Tor nicht zumachen. Und sie will auch den Kalender nicht fortwerfen.

GEBET

Vater, du hast uns Jesus, deinen Sohn, geschenkt. Ich danke dir dafür. Ich will ganz oft an ihn denken und ihn fest in meinem Herzen haben. All die anderen Sachen, die ich zu Weihnachten bekommen habe, machen mir viel Freude, aber Jesus ist das schönste Geschenk, weil er mir meine Sünden vergeben kann. Deshalb will ich auch sein Türchen an meinem Kalender nicht zumachen, damit ich mich immer daran erinnere, daß er jeden Tag bei mir ist. Amen. A. B.

26. FEBRUAR

Mamas Baby

„Mama bekommt ein Baby", hat Papa gesagt. Papa freut sich ganz wild darüber und meine Schwester auch. Die spielt sowieso gern mit Puppen und denkt, daß sie es später mal ganz alleine wickeln darf.

Alle sind furchtbar aufgeregt und reden seit gestern nur noch von Mamas Baby und ob es wohl ein Junge oder ein Mädchen wird. Oma hat gleich gestern Wolle gekauft, um dem Baby etwas zu stricken. Ich finde das albern, weil es doch noch gar nicht da ist. Man kann nicht einmal sehen, daß Mama es im Bauch hat.

Unsere Nachbarin hat mich heute gefragt, ob ich mich denn wohl freue auf Mamas Baby. „Nee", hab' ich gesagt, und dann: „ich weiß nicht." Da hat sie komisch geguckt und nicht gewußt, was sie sagen sollte. Dabei stimmt es wirklich: ich weiß nicht, ob ich mich auf Mamas Baby freue oder nicht.

GEBET

Herr Jesus, heute nachmittag ist Opa gekommen. Den hab'

ich gefragt, ob ich mich eigentlich über Mamas Baby freuen soll oder nicht. Da hat er gesagt: „Warum über *Mamas* Baby? Es ist doch *euer* Baby!" Da hab' ich gedacht, wenn es wirklich unser Baby ist, dann ist es ja auch ein bißchen meins, und nicht nur Mamas. Ja, und jetzt – ich glaub' jetzt freue ich mich auf unser Baby! Danke, daß du es uns schenken willst. Amen. A. B.

27. FEBRUAR

Wer macht hier etwas falsch?

Bei uns im Schulchor ist ein Mädchen, die kann ich überhaupt nicht leiden. Immer muß sie angeben und so tun, als sei sie etwas Besonderes. Sie trägt jedes Mal ein anderes Kleid, und dauernd hat sie neue Haarspangen.

Wenn ich mit ihr rede, will sie immer recht haben, und überhaupt – sie ist richtig zickig.

Wie sie schon dahergeht auf dem Schulhof – wie ein Teenie, dabei ist sie erst zehn!

Wir anderen machen das immer nach und wackeln beim Gehen auch mit dem Po, damit sie sich ärgert. Sie ärgert sich auch meistens wirklich und macht: „Ph!" – und dann redet sie ganz lange nicht mehr mit uns. Aber das macht uns nichts aus, wir mögen sie nämlich alle nicht.

Ich habe heute mal mit Opa über das Mädchen gesprochen und ihm erzählt, warum ich es nicht leiden kann. Er sagte, wir anderen sind mit daran schuld, daß sie so ist, weil wir nicht nett zu ihr sind und weil wir außerdem so viele sind. Und sie wäre ganz allein. Da habe ich ihm gesagt, daß wir doch schließlich nichts dafür können, wenn sie sich so dumm benimmt. Aber Opa blieb dabei, daß ich mal darüber nachdenken sollte.

GEBET

Herr Jesus, ich habe jetzt ganz lange darüber nachgedacht, und eigentlich hat Opa doch recht. Es ist sicher nicht schön, wenn man merkt, daß keiner etwas von einem wissen will. Opa hat noch gesagt: „Wenn ihr euch verändert, dann verändert *sie* sich ganz sicher auch." – Ich werde morgen mal mit den anderen darüber reden. Amen. A. B.

28. FEBRUAR

Essen ist nicht selbstverständlich

Als ich vor kurzem bei meinen Großeltern übernachtet hatte, erzählte mir mein Opa abends ganz lange etwas vom Krieg. Das kam, weil ich ihn gefragt hatte, ob er früher auch Soldat gewesen ist. Da hat er gesagt, er sei Soldat gewesen und später sogar in Gefangenschaft geraten. Weit weg, in Rußland. Dort waren außer ihm noch eine Menge anderer Soldaten in großen Lagern untergebracht, und alle bekamen nur ganz wenig zu essen. Manchmal gaben sie ihnen nur einen Krug Wasser.

Zwei Jahre lang war Opa als Gefangener in Rußland.

Opa hat mir auch erzählt von zwei Krankenschwestern, die ihnen ab und zu Brot zuschmuggelten. Die waren selbst gefangengenommen worden und bekamen auch nicht viel zu essen. Aber oftmals haben sie mit den hungernden Soldaten ihr Stückchen Brot noch geteilt, auch mit Opa. Er sagt, er ist ihnen heute noch dankbar dafür, denn sonst wäre er vielleicht längst nicht mehr am Leben.

Ich kann mir gar nicht vorstellen, wie das ist, wenn man nichts zu essen hat. Wir haben morgens immer Brot und Butter und Marmelade und Nußcreme auf dem Tisch stehen, und mittags gibt es oft Fleisch, Fisch oder andere leckere Sachen.

GEBET

Herr Jesus, ich glaube, es gibt immer noch viele Menschen auf der Welt, die hungern müssen. Wir haben mal in der Schule einen Film darüber gesehen. Da hatten die Kinder alle ganz dicke Bäuche. Aber nicht, weil sie so viel gegessen hatten, sondern vor lauter Hunger. Ich weiß nicht, warum das dort so ist und warum es mir hier so gutgeht, aber ich danke dir dafür, daß ich mir sogar manchmal aussuchen darf, was Mutti kochen soll. Amen. A. B.

1. MÄRZ

Ich will Krankenschwester werden

Seit meine Freundin im Krankenhaus liegt, habe ich sie schon oft besucht. Sie mußte sich ihre Mandeln herausnehmen lassen und wird noch mindestens eine Woche dort bleiben. Nach der Operation konnte Sonja ein paar Tage lang schlecht schlucken, aber das ist schon viel besser geworden. Es ist auch recht lustig in ihrem Zimmer, denn da liegen noch drei andere Mädchen, und manchmal haben sie eine Menge Spaß miteinander.

Im Krankenhaus finde ich es sehr spannend. Ein paar Mal habe ich schon den Krankenschwestern beim Fiebermessen und Verbinden zuschauen können, und einmal durfte ich sogar selber ein Stückchen Pflaster abschneiden.

Früher wollte ich immer Mannequin werden, wenn ich groß bin. Mannequins sind Mädchen, die schöne Kleider vorführen und schicke Frisuren haben und selber ganz toll aussehen. Aber jetzt will ich doch lieber Krankenschwester werden. Die sorgen dafür, daß die Patienten rechtzeitig ihre Medikamente nehmen, sie helfen ihnen, wenn sie nach einer Operation zum ersten Mal wieder aufstehen, und sie trösten einen, wenn man Heimweh hat.

Da, wo meine Freundin liegt, sind die Krankenschwestern sehr nett.

Bestimmt freut sich Jesus darüber, daß sie den Kranken so viel helfen, und vielleicht wünscht er sich heimlich sogar noch ein paar dazu.

Wenn ich groß bin, haben sie auf jeden Fall schon eine mehr.

GEBET

Herr Jesus, was meinst du – sollte ich später wohl auf die Säuglingsstation gehen oder lieber zu den größeren Kindern? Ich habe Mama vorhin danach gefragt, und sie hat gesagt, ich solle mal abwarten, ob du mich nicht vielleicht ganz woanders gebrauchen möchtest. Jetzt bin ich aber wirklich gespannt! Amen.

A. B.

2. MÄRZ

Kann man auf Wasser gehen?

Wir sitzen um den Mittagstisch. „In der Schule haben wir es gerade vom Wasser", erzählt Rahel.

„Dann weißt du sicher, daß man auf dem Wasser auch laufen kann", sagt Ruben.

„Kann man natürlich nicht. Das weiß doch jeder Erstkläßler! Da geht man unter. Man muß schon schwimmen, wenn man weiterkommen will", lacht Rahel.

„Tja, du mußt es genauer formulieren! Auf Wasser kann man natürlich nicht direkt laufen, aber wenn das Wasser zu Eis gefroren ist, geht es schon. Wir fahren im Winter ja manchmal auch Schlittschuh auf dem zugefrorenen See. Aber dann ist das Wasser eben kein Wasser mehr, sondern Eis", erklärt Jason.

„Du sagst es!", ruft Ruben. „Aber das Eis schmilzt zu Wasser, sobald es wärmer wird. So ist es doch wieder nur Wasser. Man nennt das die verschiedenen Aggregatzustände. Wasser kann fest – nämlich als Eis –, flüssig als Wasser und gasförmig als Dampf auftreten. Und jedesmal hat es ganz andere Eigenschaften. Als Eis ist es so hart wie ein Stein; ist es flüssig, kann man darin schwimmen oder sich die Hände damit waschen, und wenn es im gasförmigen Zustand ist, kann man es nicht einmal greifen. Man wird nur feucht, wenn man damit in Berührung kommt."

„Das kann man kaum glauben, daß das alles im Grunde die gleiche Zusammensetzung ist und solch unterschiedliche Eigenschaften hat! Es gibt viele Dinge, über die wir einfach nicht mehr staunen, weil wir nicht genug nachdenken", fügt Vater

dazu. „Bei den Dingen auf dieser Erde nehmen wir es einfach so hin, nur wenn es um Gott geht, wollen wir Menschen lauter Fragezeichen setzen. Dabei ist er doch der Erfinder all dieser Wunder."

GEBET

Vater im Himmel, das mit dem Wasser geht mir immer durch den Kopf. Einmal ist es weich, ein andermal hart, und dann kriegt man es gar nicht zu fassen. Du hast alles so interessant gemacht auf dieser Welt. Ich freue mich, daß es nie langweilig sein wird. Es gibt noch so viel zu entdecken. Ich will in der Schule immer gut aufpassen, damit ich noch ganz viel davon lerne, was du dir ausgedacht hast. Amen. R. H.

3. MÄRZ

Von einem Mann, der auf dem Wasser ging

„Mama, man kann *doch* auf dem Wasser gehen!" Jason kommt fast außer Puste in die Küche gestürmt. „Ruben sagt, es gibt so etwas wie Wasserschuhe, die einen tragen." – „Ich hab' das auch schon gehört. Doch wahrscheinlich ist es nicht ganz einfach, sich auf dem Wasser zu halten. Da finde ich schwimmen doch bequemer", entgegnet Mutter.

„Ich kenn' aber einen, der ist schon auf dem Wasser gegangen. Halt, es sind sogar zwei, die ich kenne", strahlt Jason.

„Da bin ich aber gespannt, wer das sein soll", äußert sich Mutter.

„Dabei hast du selbst von ihnen erzählt", lacht Jason, „erst vor zwei Tagen." – „Du Schlingel", lacht nun auch Mutter, „jetzt weiß ich, wovon du redest. Jesus hatte seine Jünger mit dem

Boot über den See geschickt. Es kam ein Sturm auf, und sie waren in großer Not. Kaum konnten sie das Boot vor dem Kentern bewahren. Da sahen sie über die sturmgepeitschten Wogen auch noch eine Gestalt auf sich zukommen. Diese Erscheinung war nun noch furchterregender als der Sturm. Sie schrien vor Angst. Aber schließlich erkannten sie, daß es ihr geliebter Meister war. Petrus, heute würde man sagen: ‚Der Peter', war ganz fasziniert. ‚Herr', sagt er, ‚wenn du es bist, dann heiß mich doch auch auf den Wellen zu dir kommen.' Peter steigt aus dem Boot. Er hat Mut. Das Wasser trägt ihn. Aber dann muß wohl eine Welle auf ihn zugekommen sein. Er bekommt Angst und schreit: ‚Jesus, hilf, ich geh' unter!' Jesus nimmt ihn an der Hand. Peter ist gerettet." – „War das wirklich so, damals?" will Jason wissen.

„Ja", antwortet Mutter, „die Bibel ist kein Märchenbuch. Gott läßt uns darin wissen, wie groß er ist."

GEBET

Jesus, mich fasziniert das mit dem Peter. Da wäre ich gerne dabeigewesen. Dann könnte ich das auch besser glauben. Aber wenn ich so darüber nachdenke: Die anderen, denen ich das erzählt hätte, hätten mir bestimmt auch nicht geglaubt. Glauben hat wohl etwas damit zu tun, daß ich dem, der es mir berichtet, Vertrauen schenke. Weil du Gott bist, ist dir nichts unmöglich. Ich will dir sagen, daß ich dir Glauben schenke, und freue mich, daß es nichts gibt, was dir unmöglich ist. Amen. R. H.

4. MÄRZ

Ein Zweig mit Frühlingsgrün

Endlich ist der März gekommen, und die Sonne scheint schon recht warm auf die harte Erde. Sandra hüpft fröhlich mit wippendem Schulranzen nach Hause. Sie freut sich auf den Nachmittag, denn Kerstin wird ihren Geburtstag feiern, und sie hat Sandra und einige andere Kinder dazu eingeladen.

Bei der Baustelle bleibt Sandra stehen. Du meine Güte – sind dort viele dicke Äste aufgetürmt worden! Übereinandergestapelt liegen sie neben dem riesigen gelben Kran, so, als sollten sie ein großes Osterfeuer geben.

Sandra sieht sich um. Kein Arbeiter ist auf der Baustelle zu sehen, und in dem Führerhaus des Krans sitzt auch niemand.

Rasch rennt sie hinüber zu den vielen Ästen und bricht sich ein paar Zweige ab. Es ist so schade, daß sie alle dort liegen und vertrocknen! Dabei kann man schon ganz deutlich die winzigen Blattknospen erkennen, die in wenigen Wochen aufgebrochen wären und den Frühling mit ihrem frischen Grün begrüßt hätten.

Sandra nimmt sich vor, die Zweige sofort in eine Vase mit warmem Wasser zu stellen. Vielleicht hat sie Glück, und die Knospen gehen noch auf.

Ach ja, eigentlich könnte sie Kerstin zum Geburtstag auch einen Zweig mitbringen!

GEBET

Herr Jesus, danke für den schönen Tag! Auf dem Kindergeburtstag war es ganz toll, und die Hamburger haben prima geschmeckt. Ich glaube, Kerstin hat mein Geschenk gut gefallen, und über den Zweig mit den Blattknospen hat sie sich auch sehr gefreut. Sie hat ihn gleich in ein Wasserglas gesteckt, und jetzt warten wir beide darauf, daß die kleinen Blättchen herauskommen. Bitte gib du ihnen doch die Kraft dazu, dann wären wenigstens nicht alle Zweige auf der ollen Baustelle vertrocknet! Amen. A. B.

5. MÄRZ

Lustige Fotos vom Familienausflug

Heute haben wir einen richtigen Familienausflug gemacht – das war schön! Katharina, meine Cousine, ist mitgefahren und Stefan, mein Cousin. Und natürlich Mama, Papa, Julia und ich.. Julia ist meine Schwester, sie ist schon fünfzehn und manchmal richtig nett.

Wir haben eine Wanderung durch einen riesigen Wald gemacht. Es war noch ziemlich kalt, aber immer, wenn wir anfingen zu frieren, haben wir einen Wettlauf gemacht, und schon war uns wieder warm.

Papa hat dauernd fotografiert. Das macht er immer, wenn irgendetwas Besonderes los ist. Er läßt keinen von uns an den Fotoapparat dran. „Mama schneidet allen Leuten die Beine ab", sagt er, und „Julia hat nie die Haare von den Leuten auf dem Bild". Das stimmt, auf Julias Fotos ist immer ganz viel Fußboden zu sehen.

Papa kann wirklich die schönsten Fotos machen.

Einmal sollte er mich heute knipsen, als ich gerade zusammen mit Katharina und Stefan über einen langen, dicken Baumstamm balancierte. Aber da, wo der Baumstamm lag, war es zu dunkel, und Papa hat gesagt, wir sollten mehr ins Licht gehen.

Da haben wir uns mitten in die Sonne gestellt und Grimassen gezogen, und so hat Papa uns fotografiert.

„Wenn das Licht von der Sonne euch anstrahlt, seid ihr nämlich auch hell", hat Papa uns erklärt, „und wenn ihr im Dunkeln steht, seid ihr auch dunkel. Dann kann man euch nachher auf den Fotos nicht richtig erkennen."

Da haben wir uns mitten in die Sonne gestellt und Grimassen geschnitten, und so hat Papa uns fotografiert. Das werden bestimmt lustige Fotos!

GEBET

Herr Jesus, so ähnlich ist es wohl mit dir und mir. Du hast gesagt: „Ich bin das Licht der Welt, und wer mir nachfolgt, wird nicht im Dunkeln wandern." Sicher meinst du damit, daß wir immer in deiner Nähe bleiben sollen, damit du uns mit deinem Licht hell machen kannst. Ich hab' im Dunkeln immer Angst, das finde ich nicht schön. Bei dir ist es viel schöner, und in mir drin ist es ganz warm, wenn ich mit dir spreche. Eigentlich ist dein Licht wie ganz viel Liebe. Ich hab' dich auch ganz doll lieb, Herr Jesus! A. B.

6. MÄRZ

Wie bildet sich Nebel?

Wir sind mit dem Auto unterwegs. Es ist gegen Abend. Nebel hat sich gebildet. Die Sicht ist schlecht. Wenn Vater aufblendet, scheint es, als würden wir auf eine Wand zufahren.

„Wieso kann die Luft denn so undurchsichtig werden?"

Junias schüttelt nachdenklich den Kopf. „Wo kommt denn all das komische Zeug her?“ will er wissen.

Vater muß konzentriert fahren. Deshalb kann er nicht gleich antworten. Aber zu Hause erklärt er: „Wenn Mutter das Mittagessen kocht, strömt aus dem kochenden Wassertopf Dampf. Er macht ebenso die Luft an dieser Stelle für Momente undurchsichtig. Das Wasser wird beim Kochen gasförmig und entweicht aus dem Topf. Kaum ist es aber außerhalb des Topfes, kühlt es schon wieder ab. Der Dampf kondensiert zu winzigen Wassertröpfchen, die zunächst in der Luft schweben. Ähnlich ist es auch beim Nebel. Er ist nichts anderes als eine ‚feuchte‘ Wolke, die sich am Boden bildet. Er entsteht, wenn feuchte und kalte Luftmassen aufeinandertreffen. Wenn aus den Scheinwerfern unseres Autos dann das Licht auf die kleinen Wassertröpfchen scheint, strahlen diese das Licht zurück. Und deshalb sieht man schlecht.“

„Jetzt weiß ich auch, warum man feuchte Haare bekommt, wenn man im Nebel spazierengeht“, fügt Salome hinzu.

GEBET

Lieber Herr Jesus, wenn ich so über den Nebel nachdenke, werde ich an mich selbst erinnert. Wenn ich ungehorsam bin, wird auch alles so undurchsichtig. Dann sehe ich nicht mehr klar. Ich mache meine Eltern traurig und bin mit mir selbst nicht zufrieden. Es kommt mir vor wie die kleinen Wassertröpfchen in der Luft. Hilf mir, daß ich mehr hinhöre, wenn die Eltern mir etwas sagen, und es dann auch erledige. Amen. R. H.

7. MÄRZ

Weglaufen ist blöd

Ach, heute ist wirklich ein dummer Abend! Jens kann einfach nicht einschlafen. Dabei liegt er schon ganz lange hier und wälzt sich unruhig in seinem Bett von einer Seite auf die andere. Mama hat mal gesagt, wenn man nicht einschlafen kann, soll man nur an schöne Dinge denken und sie sich richtig vorstellen. Das tut Jens auch, aber bisher hat es nichts genützt. Eben erst hat er sich vorgestellt, wie seine neuen Fußballschuhe aussehen müßten, die er sich zum Geburtstag wünscht. Aber müde ist er nicht davon geworden.

Außerdem ist es gar nicht so einfach, sich etwas Schönes auszudenken, wenn einem immer wieder etwas einfällt, das gar nicht schön ist.

Wie war das heute mittag noch gleich? Jens ist von der Schule nach Hause gekommen und hat ein bißchen Flugzeug gespielt mit seiner Schultasche. Hinten an den Trägern hat er sie gepackt und immer wieder im Gehen um sich herumgeschleudert. Ganz schwindlig ist ihm dabei geworden, aber Spaß hat's gemacht! Erst als er eine ältere Frau angerempelt und ihr mit seinem Schulranzen die Einkaufstasche aus der Hand gerissen hat, war das Spiel nicht mehr so gut. Im Nu lagen Haarklammern, Bananen und Nudeln bunt verstreut auf dem Bürgersteig.

Warum ist er danach bloß gleich weggerannt? Warum hat er nicht einfach der Frau geholfen, all die Sachen rasch wieder aufzuheben? Die Frau hatte nicht einmal geschimpft, bloß erschrocken ist sie gewesen.

Jens dreht sich auf den Bauch und boxt sein Kopfkissen zu einem unförmigen Knubbel zusammen.

Das mit dem Anrempeln war ein Versehen. Das hatte er nicht gewollt. Aber das mit dem Weglaufen war wirklich blöd.

GEBET

Herr Jesus, manchmal bin ich ganz anders, als ich sein will. Heute war ich sogar echt feige, und jetzt tut es mir wieder leid. Irgendwie kann ich mich manchmal gar nicht so richtig leiden. Heute auch nicht. Bestimmt kann ich deswegen auch nicht einschlafen. Bitte sei mir nicht böse, ja? Es ist bloß gut, daß du mich immer liebhast! Amen. A. B.

8. MÄRZ

Danken ist wichtig

Der Abendbrottisch ist gedeckt, und alle haben Platz genommen. Verlangend schielt Christian zu der letzten Scheibe Mortadella hinüber. Ob die anderen ihm die wohl übriglassen werden? Oder sollte er vorsichtshalber lieber gleich . . . und schon langt er über den Tisch, um sich seine Lieblingswurst zu reservieren. Die soll kein anderer kriegen, die will er ganz allein essen.

Doch in diesem Augenblick sagt die Mutter ruhig: „Bitte laßt uns erst beten, bevor wir anfangen zu essen."

Ach ja, beten. Das hätte Christian heute beinahe vergessen. Er zieht rasch seine Hand zurück und legt sie auf den Tisch. Die anderen haben die Hände gefaltet, während die Mutter mit geschlossenen Augen das Tischgebet spricht.

„Amen!"

Sofort schnellt Christians Hand nach vorn und schnappt sich die Wurstscheibe vom Teller. Ha – niemand ist ihm zuvorgekommen!

Genießerisch rollt er sie auf seinem Teller zusammen und steckt sie in den Mund.

„Bitte, mein Junge – falte beim nächsten Mal deine Hände,

bevor wir beten, ja?“ sagt die Mutter und sieht Christian mit einem eigenartigen Blick an, bevor sie sich eine Scheibe Brot aus dem Körbchen nimmt.

Christian wird rot und sieht auf seinen Teller. Er hat verstanden, was die Mutter damit sagen wollte.

GEBET

Herr Jesus, ganz ehrlich: ich hab' heute abend eigentlich viel mehr an die Wurst gedacht als an dich. Ich glaube, es ist wirklich besser, wenn ich beim Beten die Hände falte. Dann liegen sie nämlich ganz still da und wollen während des Gebetes nicht schon wieder etwas ganz anderes tun. Und die Augen mach' ich dabei morgen auch zu, so wie Mama. Dann seh' ich die Wurst nicht und all die guten Sachen. Dann kann ich viel besser an dich denken und daran, wie gut du für uns sorgst. Amen.

A. B.

9. MÄRZ

Viele kleine gelbe Küken

„Papa, fahren wir eigentlich in den Osterferien wieder auf den Bauernhof? Dorthin, wo die schwarzweißen Kühe wohnen und die vielen Schweine und wo die Schwalben unter dem Kuhstalldach ihre Nester bauen? Es war so schön dort!“

Der Vater lacht und fährt Timo durch die lockigen Haare. „Ja, mein Junge, ich kann mir schon denken, daß es dir dort gefallen hat. Ich fand es auch prima auf dem Bauernhof. Sag mal – was war denn dort am allerschönsten?“

Da muß Timo nicht lange überlegen: „Die kleinen Küken!“ ruft er begeistert. „Die vielen kleinen weichen Küken! Sie sahen aus wie gelbe Wollbällchen, nicht wahr?“ Wieder lacht der

Vater. „Das ist ein guter Vergleich, Timo. Ja, du hast recht – sie sahen aus wie weiche Wollbällchen auf winzigen Füßen."

Und jetzt erinnert sich Timo an etwas, das ihn damals sehr überrascht hatte. Ihm fällt nämlich ein, wie es war, als die Henne eines Tages gemütlich mit ihrer großen Kinderschar über den Hof spazierte. Auf einmal war ein großes Flugzeug ganz tief und mit ohrenbetäubendem Gedröhn über den Hof hinweggeflogen und hatte Timo, aber auch die Henne und ihre Kinder sehr erschreckt. Alle Küken rannten sofort zur Mutter und waren im Nu unter ihrem Federkleid verschwunden. Eng aneinandergedrückt drängten sie sich unter dem schützenden Gefieder der Mutter und warteten, bis die Gefahr vorüber war.

Das fand Timo großartig!

Sie muß eine gute Mutter sein, die brave Henne, hatte er gedacht und konnte sich gar nicht genug darüber wundern, wie klug diese winzigen Küken waren. Gleich hatten sie gewußt, wo ihnen nichts geschehen konnte, und waren in Sicherheit geflüchtet.

GEBET

Herr Jesus, genauso wie die kleinen Küken unter das Gefieder ihrer Mutter flüchten, sobald ihnen Gefahr droht, so dürfen wir zu dir kommen, wenn wir deine Hilfe und deinen Schutz brauchen. Du bist immer für uns da. Dafür danke ich dir. Amen.

A. B.

10. MÄRZ

Der Mond stiehlt

Es ist schon Zeit, zu Bett zu gehen. Aber Papa macht mit Jason noch einen Spaziergang. Es ist Vollmond. Der dunkle Weg am Waldrand scheint gar nicht so dunkel zu sein wie sonst.

Jason hält die Hand des Vaters trotzdem sehr fest. „Papa", sagt er, „eigentlich stiehlt doch der Mond sein Licht von der Sonne." – „Das ist richtig", antwortet der Vater. „Der Mond ist ein unbeleuchteter Planet. Wenn es bei uns Nacht ist, beleuchtet die Sonne die andere Seite unserer Erde. Die Strahlen, die an der Erdkugel vorbeileuchten, bewirken, daß der Mond eine Beleuchtung bekommt." – „Die müssen ja ganz schön stark sein, wenn der Mond dadurch so hell wird. Und der tut so, als wäre es von ihm. Du, da kommt mir eine Idee", freut sich Jason. „Wenn der Teufel schon so viel kann, wieviel stärker muß dann Gott sein, der alles geschaffen hat!"

GEBET

Vater im Himmel, manchmal habe ich Angst vor dem Teufel. Wenn es dunkel wird, dann kommen so komische Gedanken in meinen Kopf. Die beschäftigen mich, und dann bekomme ich Angst. Aber eigentlich brauche ich keine Angst zu haben. Du bist viel stärker und viel größer! Der Mond hat sein Licht nur von der Sonne. Die Sonne ist viel heller. Und sie wärmt. Das kann der Mond nicht. Und die Sonne schafft es, daß Pflanzen wachsen können. Das bekommt der Mond auch nicht fertig. Halt, doch, bei ein paar wenigen Pflanzen, den Nachtschattengewächsen, hat Papa mir erklärt. Auf jeden Fall bist du der Größte. Und deshalb will ich mich nicht mehr fürchten. Denn ich gehöre dir, und du paßt auf mich auf. Auch jetzt in dieser Nacht. Amen. R. H.

11. MÄRZ

Weihnachten oder Ostern

Mutter hört, wie die Kinder miteinander streiten. Bevor sie eingreift, hört sie erst einmal zu. Sie staunt nicht schlecht, welch ein Wortgefecht gerade im Kinderzimmer vor sich geht. „Wenn es Ostern nicht gäbe, hätte das ganze Weihnachten nichts gebracht", sagt Rahel aufgebracht.

„Na, und wenn schon", antwortet Jason cool, „Ostern hätte es nie gegeben, wenn zuvor nicht Weihnachten gewesen wäre!" Rahel fängt zu weinen an: „Aber du verstehst ja gar nicht, was ich meine. Wenn Jesus nicht für uns gestorben wäre, könnten wir nie erlöst werden! Da würde es uns auch nicht helfen, daß er in Bethlehem geboren wurde."

Jetzt öffnet Mutter die Tür. Rahel läuft in ihre Arme. „Mama, er will mich einfach nicht verstehen", schluchzt sie.

„Kommt mal her, ihr zwei!" sagt Mutter. Sie nimmt die beiden in die Arme.

„Gelt, ich hab' recht", meint Jason.

„Denkt nur", erklärt Mutter, „jeder von euch hat recht! Wenn Jesus damals nicht in Bethlehem geboren worden wäre, hätte er später auch nicht für uns am Kreuz sterben können. Die Geburt Jesu ist also die Voraussetzung, daß er später für uns am Kreuz sterben konnte. Wäre er aber dem Tod am Kreuz ausgewichen, so hätte auch seine Geburt allein uns nicht erlösen können. Eines ist ohne das andere nicht möglich."

„Hm", denkt Jason nach, „und genau deshalb mußte er kommen, damit zwei Streithähne wie wir wieder Frieden machen können." Er hält Rahel die Hand hin. Aber die ist noch nicht ganz überzeugt davon, daß sie wieder gut mit ihm sein will. „Laß mich", grollt sie, „ich brauch' ein bißchen länger dazu."

„Von Bethlehem bis Golgatha, das ist für manche ein langer Weg“, sinnt Mutter für sich nach.

GEBET
Herr Jesus, wenn du nie geboren wärest, hätte ich nie gewußt, daß es dich gibt. Ich danke dir von ganzem Herzen, daß du in diese Welt gekommen bist, weil du auch mich erlösen wolltest von aller Schuld. Du weißt, daß es nicht immer einfach ist, auch den anderen zu vergeben. Aber dann will ich mich immer daran erinnern, daß du für meine Sünde am Kreuz gestorben bist und ich deswegen auch anderen vergeben kann. Amen. R. H.

12. MÄRZ

Fisch-Sandalen

Seit ich heute mittag im Keller meine Sommersandalen entdeckt habe, merke ich, wie sehr ich mich schon wieder auf das warme Wetter freue! Ich habe da unten neben unserer Kartoffelkiste gehockt und ans Schwimmbad gedacht, und ich malte mir in Gedanken aus, wie herrlich es im Sommer wieder sein wird.

Danach habe ich meine Sandalen anprobiert. Sie paßten tatsächlich noch. Gott sei Dank, denn sie haben einen Fisch aus grünem Wildleder obendrauf, und ich wäre sehr traurig, wenn ich sie in diesem Jahr nicht mehr tragen könnte. Es sind die schönsten Sandalen, die ich bis jetzt hatte, weil der Fisch drauf ist.

Fische, so hat Mama mir erklärt, haben nämlich für Christen eine ganz besondere Bedeutung. Sie hat mir gesagt, daß die Menschen, die an Jesus glaubten, in früheren Zeiten oftmals verfolgt wurden von Menschen, die nicht an Jesus glaubten. Trotzdem wollten die Christen aber ihre Gottesdienste halten und miteinander über ihren Glauben sprechen und sich auch weiterhin treffen. Das mußten sie aber heimlich tun, und damit man sie nicht finden konnte, haben sie sich jedes Mal in einem anderen Haus getroffen. Und damit nun alle anderen Gemeindeglieder auch das richtige Haus finden konnten, haben sie an das, welches als Treffpunkt dienen sollte, an eine bestimmte Stelle einen Fisch gemalt.

Die Menschen, die die Christen auseinanderbringen und ihre Versammlungen stören wollten, kannten das Geheimzeichen nicht, und so konnten sie sie auch nicht finden.

Ja, und deshalb ziehe ich eben meine Sandalen so gern an – ich bin ja auch ein Christ!

GEBET

Herr Jesus, das war wirklich eine prima Idee, die Sache mit dem Fisch. Ich habe sogar schon ein paar Autos gesehen, die hinten auf ihrer Heckscheibe einen Aufkleber mit einem Fisch hatten. „Ich gehöre zu Jesus“ heißt das. Ich glaub', ich mach mir so einen Aufkleber auf mein Fahrrad . . . Amen. A. B.

13. MÄRZ

Wie oft fliegt eine Biene aus, damit ich ein Honigbrot essen kann?

„Honig ist einfach das Beste, was man auf einem Butterbrot essen kann“, begeistert sich Damaris, während sie sich eines schmiert. „Dafür wird auch am härtesten gearbeitet“, sagt Mutter nachdenklich.

„Aber Mama, den kauft man einfach“, lacht Damaris. „Ja, der Imker, der die Bienen züchtet, mag schon eine Menge Arbeit haben!“

„Doch lange zuvor haben viele Bienen gearbeitet“, gibt Mutter zu bedenken. „Um nur ein Kilo Honig zu produzieren, waren eine Million Bienenflüge notwendig. Das heißt ganz praktisch, daß für den Löffel Honig, den du auf dem Brot hast, mehrere tausend Bienen unterwegs waren, um Blütenpollen einzufliegen.“

„Esse ich jetzt Pollen oder Honig“, will Damaris wissen. „Natürlich Honig. Pollen könntest du schlecht aufs Brot streichen. Die Bienen stellen ihren Honig eigentlich nicht für dein Honigbrot her, sondern sammeln die Pollen zur Ernährung der Brut. Die Honigbienen bringen die Pollen zu den Ammenbienen. Und die setzen die Pollen in Futtersaft um.“

Damaris schüttelt sich: „Dann esse ich also Aufzuchtfutter für Larven? Puh! Doch ich muß feststellen, diese Sorte Aufzuchtfutter ist nicht zu verachten.“

GEBET

Vater im Himmel, es gibt so gute Dinge zu essen. Und es ist zum Staunen, wie wunderbar du alles erfunden hast. Du hast dir die Bienen ausgedacht. Und sie sind nicht nur dazu da, damit später aus den Blüten der Obstbäume auch wirklich Obst wird. Es gibt sie auch nicht nur deshalb, damit später neue Bienen groß werden. Sondern auch ich darf daran teilhaben, indem es mir schmeckt. Danke, daß du die Bienen gemacht hast. Ich mag den Honig so arg. Amen. R. H.

14. MÄRZ

Noch einmal Biene

„Mama, ich will noch mehr über die Biene wissen. Gestern hast du von der Honigbiene gesprochen und dann von der Ammenbiene. Sind das verschiedene?“ fragt Damaris. „Und wie weiß jede, welche Aufgabe sie hat?“

„Es gibt nicht nur diese beiden Sorten. Da sind etwa 200 Bienen nur dazu da, um die Bienenkönigin zu versorgen. Und die läßt sich nicht den ganzen Tag bedienen, sondern legt am Tag 3000 Eier, die dann in die Waben transportiert werden müssen. Nach etwa 16 Tagen beginnen die ersten zu schlüpfen. Versorgt werden sie von den Ammenbienen. Und die haben die Nahrung von den Bienen, die draußen die Blütenpollen einsammeln. Um dieses Futter zu verflüssigen und damit die Larven zu füttern, brauchen sie Wasser. Das wiederum wird von Bienen angeliefert, die speziell diese Aufgabe haben. Damit der Bienenstock nun nicht von anderen Insekten, die den Honig auch gern mögen, ausgeräubert wird, gibt es nur ein Flugloch, das jeder passieren muß, der in den Stock will. Er muß bei den Polizeibienen also erst seine ‚Erkennungsmarke‘ zeigen. Die Bienen sind ein äußerst fleißiges und ganz durchorganisiertes Volk“, schließt die Mutter.

„Und wenn einer streikt?“ fragt Damaris interessiert. „Was passiert dann?“

„So etwas ist dort nicht vorgesehen“, schmunzelt die Mutter. „Jeder kennt seine Aufgabe und erfüllt sie.“

GEBET

Herr, wenn ich mir vorstelle, ich müßte den ganzen Tag nur Pollen einsammeln oder mein ganzes Leben lang Wasser tragen oder immerzu Polizei spielen, schrecklich! Da kann ich dir wirklich danke sagen, daß ich ein Mensch und keine Biene bin.

Nur eines wäre wahrscheinlich etwas einfacher, nämlich die Aufgaben zu erfüllen, die ich vor mir habe; denn ich wüßte nicht, warum ich motzen sollte.

Schenk mir bitte, daß ich bereitwilliger die Dinge erledige, die zu meinen täglichen Aufgaben gehören. Amen. R. H.

15. März

Der Bienentanz

„Aber wie wissen die Bienen denn, wo sie Blütenpollen finden? Fliegen sie einfach umher und schauen sich um?" fragen die anderen Kinder.

„Auch das ist geregelt", erklärt Mutter. „Es gibt eine bestimmte Sorte Bienen, die wie Späher dauernd am Ausschauen sind, wo ein besonders großes Angebot an Blüten vorhanden ist. Diese Spürbienen kommen dann zum Flugbrett, das sich vor dem Eingang des Bienenstocks befindet und führen einen ‚Tanz' auf. Bei diesen Bewegungen teilen sie den anderen Bienen mit, wo sie fündig geworden sind. Man hat herausgefunden, daß sie dabei ‚erzählen', wie weit der der neue Ort entfernt ist, wo er genau liegt und wieviel Nahrung dort zu erwarten ist."

„Das ist ja fast unglaublich", äußert sich Jason. „Wenn ich etwas besonders Gutes gefunden habe, dann denke ich erst mal an mich, bevor ich an die anderen denke. Die Bienen aber teilen es gleich mit. Die könnten sich ja erst selbst mal den Bauch vollhauen!"

GEBET

Manchmal möchte ich gar nicht so gern teilen. Neulich hat mir meine Patentante solch tolles Kaugummi mitgebracht, das so gut riecht und so große Blasen macht. Da kamen wieder alle und wollten auch was haben. Es fiel mir ganz schön schwer, ihnen was abzugeben. Aber ich weiß, daß ich auch immer „bettle", wenn sie was bekommen. Komisch, so herum meine ich immer, sie müßten doch eigentlich teilen. Aber wenn ich es soll, fällt es mir schwer. Hilfst du mir bitte, Jesus, daß ich gerne den anderen was abgebe? Amen. R. H.

16. MÄRZ

Der Glaube ist ein Geschenk

Gudrun hat heute ein langes Gespräch mit ihrer Freundin gehabt. Es ging dabei um den Glauben an Jesus und um den Kindergottesdienst.

Gudrun hat nämlich einen Aufkleber mit dem Kindergottesdienstzeichen hinten an ihrer Schultasche, und Heike hatte sich darüber lustig gemacht.

„Das sieht ja doof aus", hatte sie gesagt und auf das runde Abzeichen getippt. „Das finde ich albern. Wenn wenigstens Tom Cruise oder Julia Roberts da drauf wäre – aber Kindergottesdienst –?!"

Warum ist es bloß so schwierig, mit einem Menschen über Jesus zu sprechen, der ihn nicht kennt? Der nichts von all dem weiß, was man selber über Jesus weiß? Und der einfach nicht glaubt, was man sagt. Gudrun hat sich so viel Mühe gegeben und wollte der Freundin ganz genau erklären, wie das so ist mit dem Glauben, aber Heike hat nichts darüber wissen wollen.

Am Ende ist Gudrun enttäuscht nach Hause gegangen.

GEBET

Lieber Herr Jesus, ich habe heute mal mit Mama über die Sache mit Heike gesprochen. Mama hat mir erklärt, daß der

Glaube ein Geschenk ist. Nicht jeder findet zu dir, bloß der, der dich von ganzem Herzen sucht. Bitte, Herr Jesus, hilf du doch der Heike, daß sie mit dem Suchen anfängt, ja? Ich habe sie nämlich sehr lieb. Amen. A. B.

17. MÄRZ

Eine superdicke Bibel

Jeden Morgen liest die Mutter dem Jonas einen Abschnitt aus der Kinderbibel vor. Jonas findet die Geschichten sehr spannend und hört gern zu.

Als sie heute von dem gelähmten Mann gehört hatten, den seine Freunde durch das Dach an starken Seilen vor Jesus heruntergelassen haben, damit er geheilt werden konnte, klatscht Jonas begeistert in die Hände.

„Mensch, Mama! Stell dir bloß vor, wie froh die alle waren,

als der kranke Mann nachher wirklich wieder laufen konnte! Ich finde das toll, was Jesus gemacht hat!"

„Ja, und das Tollste ist", lächelt die Mutter und fährt ihrem Jungen durch die blonden Haare, „das Tollste ist, daß er es immer noch tut – jeden Tag. Kleine und große Dinge. Wir müssen bloß genau hinschauen."

Jonas kratzt sich an der Nase. „Du meinst, zum Beispiel heute, als er mich mit meinem Fahrrad vor dem riesigen Lastwagen beschützt hat, der auf einmal aus der Toreinfahrt herausgefahren kam . . .?"

Die Mutter nickt. „Ja, zum Beispiel. Oder gestern, als ich mich zuerst so geärgert hatte, daß ich so spät beim Zahnarzt drangekommen bin. Schau – nachher konnte ich die kleine Heide von nebenan aus der Stadt mit nach Hause nehmen. Sie hatte sich in den Geschäften verbummelt und war froh, daß sie nicht im Dunkeln allein nach Haus mußte."

Jonas seufzt. „Eigentlich müßte die Bibel heute noch weitergehen und soooooooo dick werden . . .", und er breitet die Arme weit aus, „. . . weil doch die Menschen immer noch jeden Tag so viel mit Jesus erleben, nicht wahr, Mutti?"

„Da hast du recht – das würde wirklich ein Riesen-Riesen-Riesenbuch. So, aber jetzt ab an den Frühstückstisch, mein Sohn!"

GEBET

Wenn ich groß bin, Herr Jesus, dann will ich auch ein Buch von dir schreiben. Da schreibe ich dann alles auf, was mir mit dir so passiert. Das lesen dann die anderen und denken vielleicht: „Ach, mit dem Herrn Jesus will ich auch leben. Der weiß am allerbesten, was für mich gut ist", Und das wäre doch gut, nicht? Bestimmt hilfst du mir dabei! Amen. A. B.

18. MÄRZ

Sabrinas Bauchschmerzen

Heute ist meine Schwester ins Krankenhaus gekommen. Sie hat eine Blinddarmentzündung, hat Mama mir erklärt.

Ganz plötzlich bekam sie nach dem Mittagessen Bauchschmerzen, und schlecht war ihr auch. Und als Mama mal auf ihren Bauch draufgedrückt hat, da hat Sabrina ganz laut „Au!" geschrien. Mama hat sofort den Doktor Wille angerufen. Der hat Sabrina untersucht und gesagt, daß sie sofort ins Krankenhaus muß.

Jetzt ist es schon dunkel, und Sabrina ist in dem großen Krankenhaus ganz allein. Eisbeutel hat sie auf dem Bauch liegen, damit die Entzündung weggeht.

Ich wäre jetzt gern bei Sabrina, damit sie sich nicht so grault. Sie hat nämlich noch niemals irgendwo anders geschlafen, bloß bei Tante Ruth. Bestimmt hat sie Heimweh.

Morgen werden Mama und ich Sabrina besuchen. Aber wenn sie operiert werden muß, darf ich erst hingehen, wenn sie wieder ganz wach ist. Hoffentlich muß sie nicht operiert werden!

GEBET

Lieber Herr Jesus, bitte bitte paß du doch jetzt ganz doll auf Sabrina auf. Bestimmt ist sie traurig, weil Mama und Papa und ich heute abend gar nicht bei ihr sein können. Und – wenn es geht – laß bitte auch ihre Bauchschmerzen wieder weggehen. Dann müßte sie nämlich gar nicht operiert werden, und wir könnten vielleicht morgen schon wieder zusammen spielen. Amen. A. B.

19. MÄRZ

Eincremen kann so lästig sein

Oh, wie sehr haßt Markus dieses lästige Eincremen mit der fettigen Salbe! Immer und immer wieder erinnert ihn entweder die Mutter oder der Vater daran, daß er die Stelle mit der Schuppenflechte an seinem linken Ellenbogen regelmäßig eincremen soll. Markus kann das schon gar nicht mehr hören!

Was haben sie nicht alles schon probiert, damit die Haut wieder gesund wird: Cremes und Tinkturen, Bestrahlungen und Bäder – nichts hat wirklich etwas genützt. Sogar das Essen hat Mama eine Zeitlang anders gekocht als sonst, so daß es Markus schon gar nicht mehr richtig schmeckte. Und das alles nur, weil die Schuppenflechte ausheilen sollte.

Warum muß aber auch ausgerechnet er diese dumme schorfige Stelle am Arm haben?! Kein anderes Kind in seiner Klasse hat so etwas. Markus hat damals im Sommer extra mal darauf geachtet, als sie alle kurzärmlige T-Shirts trugen. Nicht einer war dabei, der einen so schorfigen roten Fleck auf der Haut hatte wie er.

Markus muß daran denken, wie ihn Peter einmal gefragt hat, ob das ansteckend sei, was er da an seinem Arm habe. „Nein", hatte er, Markus, darauf geantwortet, „nicht die Bohne!" Aber Peter hatte das nicht geglaubt und war ein bißchen mit seinem Heft zur Seite gerückt. Dabei hatte Markus die Wahrheit gesagt.

Ach, er ist richtig wütend.

Gott hat doch alle Menschen gemacht. Warum hat er ausgerechnet ihm, dem Markus, eine Schuppenflechte gegeben?

GEBET

Lieber Gott, alles, was du tust, kann man nicht erklären, hat Papa gesagt. Er weiß auch nicht, warum ich eine Schuppenflechte habe. Aber er ist ganz sicher, daß du dir das genau überlegt hast. Er hat gesagt, daß du nichts tust ohne einen Grund. Na ja, eigentlich glaube ich ja auch, daß er recht hat. Aber sauer bin ich schon manchmal, weil die anderen in meiner Klasse nicht dauernd ihren Arm einreiben müssen. Bitte sei mir nicht böse, wenn ich deswegen mal ziemlich schlecht gelaunt bin. Amen. A. B.

20. MÄRZ

Eine Tüte voller Süßigkeiten

In unserer Klasse ist ein Mädchen, das furchtbar dick ist. Beim Turnen ist sie immer die Letzte, und alle sagen „Kugel" zu ihr. Sie ist so dick, daß sie jedesmal ganz doll schnauft, wenn wir den Weg zu unserer Schule raufgehen. Da geht's nämlich ordentlich steil bergauf. Sandra fängt immer gleich von Anfang an zu japsen wie Lumpi, unser Dackel. Wir anderen lachen sie dann aus, und ein paar von uns schieben sie von hinten an.

Sandra findet das aber meistens nicht lustig.

Trotzdem geht sie fast jeden Tag zu dem kleinen Kiosk neben der Schule und kauft auf dem Heimweg eine Tüte voll Süßigkeiten von ihrem Taschengeld.

Die teilt sie dann unter uns auf, und meistens behält sie für sich kaum etwas davon übrig. „Ihr könnt das ruhig aufessen", sagt sie dann, „ich habe sowieso keinen Appetit darauf." Komisch, nicht wahr?

GEBET

Lieber Herr Jesus, ich habe das mit den Süßigkeiten mal der Julia erzählt. Du weißt ja – die ist schon in der 10. Klasse und weiß eine Menge. Julia hat gesagt, die Sandra möchte gern, daß wir sie mögen. Deshalb schenkt sie uns immer die Süßigkeiten.

Und dann hat Julia noch gesagt, daß ihr die Sandra leid tut, weil wir sie immer hänseln. Ich glaub', sie hat recht. Ich schäme mich jetzt, weil ich auch immer „Kugel" zu der Sandra gesagt habe. Eigentlich ist sie nämlich nett, und ich mag sie auch ohne Bonbons gut leiden. Ich will ihr das morgen mal sagen. Amen.

A. B.

21. MÄRZ

Wunder gibt es überall

Ob der Opa sich wohl über mein Bild freut, überlegt Sandra. Sie hält ihr Gemälde eine Armlänge weit von sich und betrachtet die grüne Wiese mit den vielen bunten Blumen, die sie mit Wasserfarben für ihren Großvater gemalt hat. Morgen ist sein Geburtstag, und er mag Blumen sehr gern. Bestimmt wird ihm das Bild gefallen!

Als der Vater hereinkommt, hält Sandra ihm ihren Malblock entgegen. „Guck mal, Vati – das sind alles Phantasieblumen. Toll, nicht?"

Der Vater betrachtet ausgiebig die bunte Wiese und bewundert die seltenen Blumenarten. „Die sind aber wirklich sehr schön.“ Er tippt auf eine besonders auffallende blaue Blüte. „Die da kenn' ich. Die wächst ganz in der Nähe von Opas Haus.“

„Kann gar nicht sein!“ prustet Sandra, „die hab' ich mir doch ausgedacht! Eine so schöne Blume gibt es in Wirklichkeit bestimmt nicht!“

Der Vater hockt sich mit dem Malblock auf eine Kante von Sandras Schreibtisch. „Was glaubst du wohl, wieviel es noch alles im Pflanzen- und Tierreich gibt, was du noch niemals gesehen hast!“

„Tiere auch? Nee, ich kenn' doch alle Tiere: Pferde, Hunde, Katzen, Schweine, Schafe, Kühe, Vögel, Gänse, Hühner . . .“

„Stop – stop – stop!“ lacht der Vater. „Auch wenn du noch Fische und Elefanten und Kamele und Löwen und Ameisenbären aufzählst – es gibt noch viel, viel mehr! Wie sieht zum Beispiel deiner Meinung nach ein Hahn aus?“

Sandra knufft den Vater und zieht eine Grimasse. „Na hör mal! Ein Hahn sieht so ähnlich aus wie eine Henne, bloß mit einem roten Kamm und bunten Schwanzfedern.“

„So“, sagt der Vater und zwinkert Sandra zu, „und wie lang sind deiner Meinung nach die Schwanzfedern?“

„Na – so lang ungefähr.“ Sandra zeigt es mit den Händen.

„Stimmt. So lang ungefähr sind die Schwanzfedern von Opas Hahn. Aber weißt du, daß es in Japan einen Hahn gibt, dessen Schwanzfedern bis zu sieben Meter lang werden können?“

Jetzt staunt Sandra nicht schlecht! „Was? Sieben Meter lang können die werden? Aber so lang ist ja nicht einmal unser Wohnzimmer!“

Der Vater nickt und steht auf. Den Malblock mit der bunten Blumenwiese legt er auf den Schreibtisch zurück. „Siehst du, so viel Wunderbares gibt es noch auf der Welt, was du niemals vorher gesehen hast und vielleicht auch niemals sehen wirst. Manches Schöne ist in ganz weit entfernten Ländern zu Hause, und viele fremde Pflanzen und Tiere können wir nur auf Bildern betrachten. Aber auch um uns herum gibt es große und kleine Wunder – eines davon hast du heute gemalt. Dein Bild ist großartig geworden."

GEBET
Vater im Himmel, ich hatte ja keine Ahnung, daß es irgendwo einen Hahn geben könnte, der sieben Meter lange Schwanzfedern hat. Aber wenn es ihn tatsächlich gibt, dann gibt es ganz bestimmt auch noch viele andere tolle Sachen auf der Welt, die ich noch nicht kenne. Du hast ja viel mehr gemacht, als ich gewußt habe! Danke, daß du mir schon so viel davon gezeigt hast. Amen. A. B.

22. MÄRZ

Autowaschen macht Spaß

Wibke hilft der Mutter beim Autowaschen. Mit Feuereifer tunkt sie immer wieder den dicken weichen Schwamm in den halbgefüllten Eimer und fährt sorgfältig damit über die Felgen des alten VW-Käfers.

Mit ihren Gedanken ist Wibke immer noch bei dem Gespräch, das sie vorhin im Keller mit der Mutter begonnen hatte. Es ging dabei um die Vergebung der Sünden. Wibke hatte wissen wollen, ob man nur die großen Sünden, die man begangen hat, dem Herrn Jesus erzählen müsse, oder auch die ganz kleinen. Und Mama hatte geantwortet, wenn der Herr Jesus uns frei mache, dann würde er uns auch ganz frei machen wollen. Und deshalb müsse man ihm eben alles sagen, was man nicht richtig gemacht habe.

Wibke stellt sich das sehr schwierig vor, denn oftmals gibt

es an einem Tag sogar gleich mehrere Dinge, die sie nicht richtig macht. War es heute zum Beispiel nötig, die Stefanie zu verpetzen, bloß, weil sie während des Unterrichts einen Kaugummi gekaut hat? Und vorhin, oben in der Küche – hätte sie nicht ein wenig freundlicher antworten können, als die Mutter sie bat, die Schultasche an den richtigen Platz zu stellen?

Wibke seufzt und hält mitten im Putzen inne. Kritisch betrachtet sie ihr Werk. Ja, diese Felge ist jetzt ganz sauber. Nicht das kleinste bißchen Schmutz ist noch irgendwo zu sehen. Zufrieden läßt Wibke den Schwamm ins Wasser platschen und trägt den Eimer zum nächsten Reifen.

GEBET

Herr Jesus, ich glaube, jetzt habe ich verstanden, warum du möchtest, daß wir wirklich mit *allen* unseren Sünden zu dir kommen. Du willst uns nämlich nicht nur halb reinigen, sondern ganz. Das habe ich mir vorhin beim Autowaschen überlegt. Da habe ich mich ja auch erst richtig gefreut, als die Felgen ganz blitzeblank waren und man kein einziges Stäubchen mehr sehen konnte . . . Amen. A. B.

23. MÄRZ

Helfen sich Vögel gegenseitig?

„Sieh nur, wie die Hühner sich um einen guten Brocken zanken!" ruft Rahel.

„So ähnlich ist es auch bei den anderen Vögeln", erklärt Vater, der gerade dazugekommen ist. „Sie fliegen zwar oft im Schwarm zusammen. Aber eine echte Zusammenarbeit gibt es nicht. Jeder versucht, ans beste Futter zu kommen. Und dabei geht es nicht ohne Streit ab."

„Und kümmern sie sich gar nicht umeinander?“ will Salome wissen.

„Nun, um ihre Jungen sorgen sie sich hingebungsvoll. Auch der Partner ist dabei oft beteiligt“, berichtet Vater. „Es gibt Vogelarten, bei denen sich Männchen und Weibchen ein Leben lang treu bleiben. Zum Beispiel weiß man das von Schwänen.

Andere Vögel kümmern sich nicht darum, ob ihre Artgenossen auch etwas vom Futter abbekommen, das sie gefunden haben. Es gibt allerdings eine Ausnahme. Pelikane arbeiten zumindest bei der Nahrungsbeschaffung zusammen. In flachem Bogen schwärmen sie aus und treiben durch Flügelschlagen die Beute in seichtes Wasser. Die Pelikane fahren mit ihrem großen Schnabel durchs Wasser und haben es leicht, nun die zappelnden Fische in ihren Hautsack zu befördern.“ Die Kinder schauen zu, wie sich die Hühner weiter streiten. Dieses Mal ist es ein Wurstende, das sie einander immer neu entreißen.

„Fast wie bei uns manchmal", sagt Rahel nachdenklich. „Jeder meint, er müsse gerade das haben, was der andere in die Hand genommen hat. Genau das scheint einem schrecklich wichtig zu sein. Hoffentlich werde ich das nächste Mal daran erinnert, wie wüst solch ein Streit ist."

GEBET
Vater im Himmel, bei den Tieren merke ich, wie ekelig es ist, wenn sie Streit miteinander haben. Sicher bist du auch nicht erfreut, wenn du siehst, wie wir uns als Geschwister streiten. Ich möchte so gerne lernen, auch nachzugeben. Erinnere mich dann an die streitenden Hühner! Vielleicht fällt es mir dann leichter. Amen. R. H.

24. MÄRZ

Welches ist das schnellste Tier?

„Welches ist eigentlich das schnellste Tier?" will Rahel wissen. Vater nimmt sich Zeit und setzt sich zu Rahel: „Das ist nicht einfach festzustellen. Man kann nicht eine Schlange, einen Hund und einen Fisch an den Start einer Rennbahn schicken und sie dann auf Kommando loslaufen lassen. Doch mit einer Stoppuhr hat man bei manchen Tieren ihr Tempo errechnet. Der Wanderfalke erreicht beim Sturzflug eine Geschwindigkeit von etwa 140 km/h. In Asien gibt es Segler, bei denen man sogar 170 km/h gemessen hat.

Aber auch Fische können sehr schnell sein. Beim Schwertfisch errechnete man Geschwindigkeiten bis zu 100 km/h. Wale können immerhin noch 50 km/h erreichen!

Der Gepard ist wohl der schnellste Läufer auf dem Land. Bei kurzen Strecken schafft er es, auf 100 km/h zu kommen. Nur so gelingt es ihm übrigens, eine Antilope einzuholen. Diese Tiere bringen es auf eine Geschwindigkeit von 95 km/h!"

„Da sind wir Menschen richtig lahm dagegen", meint Rahel. „Da ist ja meine Ehrenurkunde vom Sportfest nichts dagegen." – „Es kommt immer darauf an, mit wem du dich vergleichst", ärgert sie der große Bruder. „Gegenüber einer Schnecke bist du sogar superschnell!"

GEBET

Jesus, wenn ich mich vergleiche, komme ich meist schlecht weg. Wahrscheinlich mache ich da etwas falsch. Ich schaue immer dorthin, wo einer noch besser ist als ich. Dann werde ich undankbar. Bitte hilf mir, Herr Jesus, daß ich dankbar bin für das, was ich kann. Amen. R. H.

25. MÄRZ

Gab es die Arche wirklich?

„Papa, bei uns haben die Kinder heute die Lehrerin im Religionsunterricht ausgelacht. Der Jens sagte: ‚Das sind ja alles Märchen, die da in der Bibel stehen.' Die Lehrerin hat versucht, ihn zu überzeugen. Sie sprach davon, daß viele Menschen so denken, daß es aber viele Beweise dafür gibt, daß die Bibel wahr ist. ‚Auch die Arche Noah ist inzwischen gefunden worden', hat sie behauptet", berichtet Sulamith, als sie aus der Schule nach Hause kommt.

„Ja, das stimmt", unterstreicht Vater. „Wir haben sogar einen Bekannten in den USA, der bei einer Expedition dabei war. Im Bücherregal findest du ein Buch darüber, wie schon vor ihm Menschen sich bemühten, die Arche freizulegen. Sein Titel ist: ‚Ich fand Noahs Arche'. Der Verfasser Fernand Navarra berichtet, wie sogar das Tannenholz nachgewiesen werden konnte, das Gott dem Noah zu verwenden geboten hatte.

Vor einigen Jahren entdeckten Piloten beim Überfliegen des Gebirges, das zwischen der Türkei und Rußland liegt, einen dunklen, langen Schatten unter dem ewigen Eis. Es stellte sich heraus, daß es der Berg Ararat ist, auf dem man dieses Phänomen gesehen hatte. In der Bibel ist ja angegeben, daß sich die Arche auf dem Berg Ararat niederließ. Expeditionen machten sich auf den Weg. Doch sie wurden immer wieder aufgehalten, weil diesen Staaten nicht so sehr daran lag, daß wirklich bewiesen wurde, daß dies die Arche Noahs sei. Dies hätte bedeutet, daß die Bibel wirklich wahr ist.

Und doch fand man genau das heraus, daß es die Arche sein mußte. Sogar die Größenangaben stimmten, die in der Bibel angegeben sind."

„Das ist einfach toll", begeistert sich Sulamith. „Dann müßten die Menschen doch wenigstens jetzt glauben, daß die Bibel wahr ist."

„Man sollte es annehmen", sagt Vater nachdenklich. „Und es gibt noch viele andere Beweise für die Echtheit der Bibel. Aber wer nicht an Gott glauben will, dem helfen eben auch keine Beweise. Gott zwingt niemanden zum Glauben an ihn. An ihn zu glauben ist eine Sache des Herzens, nicht eine Sache von Beweisen."

GEBET

Vater im Himmel, ich finde das wunderbar, daß man die Bibel sogar nachprüfen kann. Dein Wort ist wirklich wahr. Ich bin so froh, daß ich an dich glauben kann, auch ohne Beweise. Aber es freut mich doch ganz arg, daß du auch denen, die zweifeln, die Möglichkeit gibst, es zu prüfen. Amen. R. H.

26. MÄRZ

Igitt, ein Regenwurm!

Gestern hat es geregnet. Die Erde ist schön weich. Deshalb gräbt Vater den Garten um. „Igitt, lauter Regenwürmer", schreit Salome und rennt weg. Rahel will die Regenwürmer genauer betrachten und kommt näher. „Papa", fragt sie, „warum heißen die Regenwürmer eigentlich Regenwürmer?" Papa hält mit dem Graben inne, stützt sich auf den Spaten und ruft Salome zurück: „Hab keine Angst, Regenwürmer tun dir gar nichts. Und sie sind höchst interessante Tiere!" Salome kommt langsam zurück. „Stellt euch vor, dieser kleine Wurm lebt etwa so tief unter der Erde, wie Rahel groß ist", beginnt Vater.

„Dann sind das ein Meter und 43 Zentimeter", sagt Rahel.

„Es kann sogar mehr sein", erklärt Vater.

„Aber wie kommt er nur so tief hinunter?" will Salome wissen.

„Denkt euch, er hat nicht einmal ein Skelett. Mit dem spitzen Kopfende zwängt er sich in winzige Erdspalten, spannt seine Muskeln an und drückt die Erde auseinander. Wenn die Erde gar zu hart ist, feuchtet er sie an, so als würde er sie anspucken. Ist sie dann aufgeweicht, frißt er sie auf. Auf diese Weise entsteht bester Humusboden. Wenn es regnet, gräbt sich der Regenwurm an die Erdoberfläche durch. Da sieht man ihn dann besonders häufig. Wahrscheinlich hat er auf diese Weise seinen Namen bekommen."

GEBET

Vater im Himmel, ich schäme mich, daß ich mich vor dem Regenwurm geekelt habe. Du hast diesem Tier eine ganz wichtige Aufgabe gegeben. Es lockert die Erde auf. Dadurch können die Früchte im Garten besser gedeihen. Und ich esse doch so gerne Erdbeeren und Tomaten und Karotten.

Ich staune, wie du jedem Lebewesen die Fähigkeit gegeben hast zu überleben. Und daß der Wurm sogar spucken kann, wenn die Erde zu hart ist. Sonst käme er ja nicht mehr heraus. Danke, daß du jedes Tier wunderbar gemacht hast. Amen.

R. H.

27. MÄRZ

Noch einmal Wurm

Heute waren wir wieder im Garten. Ein Vogel hüpfte gerade davon, einen Wurm im Schnabel. „Papa, komm schnell, hilf dem armen Regenwurm", schreit Jason. „Die Amsel frißt ihn auf!" – „Vielleicht bleibt noch genug übrig, dann wächst er nach", sagt Vater.

„Aber Papa, das glaubst du ja selbst nicht", antwortet Jason empört, „du willst mich nur beruhigen." Jetzt kommen auch die anderen Kinder angerannt. „Doch", sagt Vater, „unter bestimmten Bedingungen kann der Regenwurm seine fehlenden Gliedmaßen nachbilden. Das Hinterteil wächst nach, wenn es abgerissen wurde. Und stellt euch vor, sogar der Kopf kann neu entstehen, mit allem, was dazugehört." Jason greift sich einen Regenwurm: „Das will ich gleich ausprobieren."

„Nein!" schreien die Geschwister und rennen fort. Vater redet auf Jason ein: „Es stimmt wirklich, du brauchst es nicht auszuprobieren. Ich denke nicht, daß der Regenwurm es als

Glückserlebnis empfindet, auseinandergerissen zu werden. Wahrscheinlich fühlt er sich ähnlich dabei, wie wenn wir uns ein Bein brechen. Laß es bitte sein, das Tier zu quälen." Jason sieht das ein. Er setzt den Regenwurm wieder hinunter, und der verschwindet schnellstens in der Erde.

GEBET

Der Regenwurm hat wirklich tolle Eigenschaften, Herr. Du hast ihm Fähigkeiten gegeben, die ich nicht habe. Wenn ich mir vorstelle, ich würde meinen Kopf verlieren und dann würde er wieder nachwachsen! Vielleicht sähe ich dann ganz anders aus, und meine Eltern würden mich nicht mehr als ihr Kind nehmen, weil sie mich nicht erkennen würden. Nein, besser will ich meinen Kopf behalten.

Und mit einem Regenwurm tauschen wollte ich schon gar nicht. So immer im Dunkeln unter der Erde wohnen, das ist nicht mein Fall. Danke, Herr, daß du mich als Mensch und nicht als Regenwurm erschaffen hast. Amen. R. H.

28. MÄRZ

Eine Entenmutter brütet

„Zwei von unseren Enten brüten!" Jason kommt fast atemlos von draußen hereingerannt. „Sie haben jede Menge Eier unter sich. Wie viele es genau sind, weiß ich nicht. Ich sah es, als Ente Susi kurz aufstand und sich dann wieder auf den Eiern niederließ. So gerne hätte ich nachgezählt. Aber als ich nur ein wenig näher kam, zischte Susi laut und streckte den Hals lang, als wollte sie mich jeden Moment zwicken. Da hab' ich lieber davon abgesehen." – „Wie lange dauert es eigentlich, bis solch ein Küken fertig ausgebrütet ist?" will Salome wissen. „Es sind etwa drei Wochen, bis ein Küken sich entwickelt hat", antwortet Mutter. „Und dann, wie kommt es aus der Schale?" fragt Salome weiter. „Nun, das Kleine hat an seinem vorderen Schnabelstück eine spezielle Formung, die aussieht wie eine kleine Kralle. Man nennt dies: Eizahn. Damit pickt das fertige Küken die harte Schale des Eies an und bricht die Eierschale, in der es gewachsen ist, Stück für Stück auf", erklärt Mutter.

„Am liebsten würde ich dabeisein", wünscht sich Salome, „und miterleben, wenn dies geschieht."

GEBET

Gott, ich kann nicht begreifen, wie aus solch einem Eidotter und dem Eiweiß nachher ein Küken werden soll, das richtig lebt und sich bewegt und herumlaufen kann. Du hast alles so geheimnisvoll gemacht. Ich bin richtig gespannt, wie jedes von den Küken aussehen wird.

Es ist so aufregend, auf dieser Welt zu leben und so vieles zu sehen und zu entdecken. Danke, daß du auch mich wunderbar gemacht hast. Amen. R. H.

29. MÄRZ

Warum haben Vögel verschiedene Schnäbel?

Unser Haus steht am Rande einer großen Wiese. Es gibt viele Bäume auf dem Grundstück. Durch das ausgestreute Futter für unsere Enten, Hühner und Zwergkaninchen haben wir immer viele andere Gäste, die kostenlos mitfressen. Morgens sitzen dann oftmals Elstern, Grünfinken, Zwergkaninchen und haufenweise Sperlinge in einem friedlichen Miteinander zusammen beim Frühstück.

„Mama, die haben verschiedene Schnäbel“, bemerkt Jason.

„Das hast du gut beobachtet“, lobt ihn Mutter. „Jeder Vogel hat den Schnabel, den er für die Nahrung braucht, die er aufnimmt. Körnerfresser haben einen keilförmigen Schnabel. Der Grünfink dort schiebt mit seiner Zunge das Korn in eine Furche seines Oberkiefers. Dann drückt er mit seinem scharfkantigen Unterkiefer dagegen. Dabei dreht er das Samenkorn jeweils ein wenig weiter, bis die Schale aufbricht und der Kern herausfällt.

Der lange, spitze Schnabel eines Vogels verrät, daß dieser Würmer, Raupen und Insekten bevorzugt. Diese Vögel suchen häufig ihre Nahrung am Baum und benutzen den Schnabel wie einen Meißel, um die Rinde aufzubrechen. Den Buntspecht hört man gelegentlich hämmern, wenn man durch den Wald geht. Spechte haben zusätzlich lange Zungen, mit denen sie in den Spalten der Rinde ihre Beute herausholen.

Es gibt Vögel, die verschiedene Nahrung mögen. Die Singdrossel liebt sowohl Würmer, die sie aus der Erde zieht, als auch Früchte. Sie hat dazu eben auch einen ‚Mehrzweckschnabel‘, der beides kann. Man kann immer neu staunen, wie Gott jedem Tier ‚das Werkzeug‘ gab, das es braucht, um zu überleben.

GEBET

Wie hast du für jedes Tier, sogar jeden Vogel, vorgesorgt,

Herr. Aber mir geht es am besten. Denn du hast mir einen Mund gegeben, und ich kann viele Dinge essen, die mir schmecken. Danke für die guten Früchte, die herrlichen Nudeln, das leckere Eis und die duftenden Pfannkuchen, die frischen Brötchen und das deftige Käsebrot. Amen. R. H.

30. MÄRZ

Der neue Lippenstift

Mama hat sich vor ein paar Tagen einen nagelneuen Lippenstift gekauft. Er schimmert silbrigrosa.

Ich mache mich manchmal gern so richtig schick. Dann verkleide ich mich mit Sachen aus der Verkleidungskiste und ziehe Mamas Stöckelschuhe an. Wenn Oma gerade zu Besuch ist, setze ich mir noch Omas Hut auf, und dann stolziere ich wie eine feine Dame daher.

Manchmal macht auch meine Freundin Inka mit. Das macht Spaß!

Ab und zu darf ich mir die Lippenstifte von Mama ausleihen, wenn ich mich mal schminken will. Auch Nagellack und Wimperntusche und solche Sachen.

Einmal hat Mama mir sogar einen eigenen Lippenstift gekauft. Damit malen meine Freundin und ich uns immer die Lippen an, wenn wir mit unseren Puppen spielen.

Bloß den neuen Lippenstift, der so toll aussieht, den darf ich nicht benutzen. Mama sagt, er wäre dann zu schnell aufgebraucht, und dazu sei er zu teuer gewesen. Schade, er schimmert so schön, und ich würde ihn so gern mal der Inka zeigen!

Ach was, ich hole ihn einfach heimlich ins Kinderzimmer. Dann können wir uns damit anmalen. Nur dieses eine Mal – niemand wird es bemerken . . .

GEBET

Herr Jesus, ich habe heute nachmittag etwas gemacht, was nicht gut war. Ich habe Mamas neuen Lippenstift benutzt, obwohl sie es mir verboten hatte. Mama hat nichts davon gemerkt. Deshalb hat sie auch nicht mit mir geschimpft. Aber trotzdem war mir nachher gar nicht wohl.

Mir ist nämlich eingefallen, daß du doch immer alles siehst, was wir machen, auch wenn wir es noch so heimlich tun. Bitte vergib mir und hilf mir, das nächste Mal daran zu denken, daß ich nie und nie und nie irgendwo ganz allein bin und daß du es immer siehst, wenn ich etwas tun will, das nicht richtig ist. Amen. A. B.

31. MÄRZ

Worüber würde sich Andrea freuen?

Wie schwierig ist es doch, über ein Geburtstagsgeschenk nachzudenken, wenn man überhaupt nicht weiß, über was sich das Geburtstagskind freuen würde!

Benedikt überlegt schon den ganzen Tag immer wieder, was er wohl übermorgen seiner Schwester schenken könnte, aber es will ihm einfach nichts Geeignetes einfallen. Ob er ihr etwas basteln soll? Vielleicht ein Schiff aus Papier oder einen Untersetzer aus Korken? Aber kann ein Mädchen überhaupt mit einem Schiff etwas anfangen? Und mit dem Untersetzer – könnte den nicht viel besser die Mutter gebrauchen?

Aber was ist mit einem seiner metallicfarbenen Luftballons? Nein, lieber nicht, das wäre ein dummes Geschenk. Er könnte ja platzen, und dann hätte Andrea nichts davon.

Ach, es ist zum Aus-der-Haut-Fahren – keine einzige Idee will sich einstellen!

Benedikt schämt sich ein bißchen. Seine Schwester hat nämlich zu seinen Geburtstagen immer ein hübsches Geschenk für ihn gehabt, und da soll sie nun an ihrem eigenen Geburtstag leer ausgehen? Nein, das geht wirklich nicht.

Auf einmal kommt Benedikt ein guter Gedanke. Ja, er wird einfach den Herrn Jesus bitten, ihm zu helfen. Jetzt gleich wird er ihn bitten!

GEBET

Herr Jesus, du siehst ja, wie lange ich schon darüber nachgedacht habe, was ich wohl der Andrea zum Geburtstag schenken könnte, aber mir fällt einfach nichts ein. Bitte schick du mir doch eine gute Idee! Du weißt am allerbesten, was der Andrea Freude machen würde, denn du kennst sie ja noch viel besser als ich, obwohl ich ihr Bruder bin. Amen. A. B.

1. APRIL

Warum weht der Wind?

„Ein Rätsel, ein Rätsel", ruft Rahel, während sie durch die Tür kommt und den Schulranzen in die Ecke stellt.

„Dann sag mir erst einmal das Rätsel, warum du mich heute nicht begrüßt!" will Mutter wissen.

„Hallo Mama!" Rahel fällt der Mutter um den Hals. „Es ist so aufregend. Und ich hab' Angst, es zu vergessen. Es geht so:

‚Ich kann laut sein und ganz leis,
lachen und Dummheiten machen,
um die Ecke schleichen, durch Fenster entweichen,
Türen schlagen, mich auf die höchsten Gipfel wagen.
Niemand gelang es je, mich zu fangen,
jeder ist leer nach Hause gegangen.
Ich kann heulen und stöhnen, bei Hitze und Eis.
Gescheit, wer es weiß!'

Ich sag's dir lieber gleich, Mami, es ist nämlich schwer. Aber wenn man es weiß, ist es auch wieder leicht: Es ist . . . der Wind!"

„Du hast recht", bestätigt Mutter, „wenn man es weiß, ist es ganz leicht, aber sonst muß man erst nachdenken."

„Mama, wie weht der Wind eigentlich?" Rahels Wissensdurst kennt keine Grenzen. „Woher kommt er denn, und wohin geht er, wenn er weiterweht?"

„Das ist nicht so schnell zu erklären, mein Mädchen", fängt Mutter an. „Die Triebkraft für die Luft ist die Sonnenenergie. Dadurch wird die Luft erwärmt. Sie dehnt sich aus und steigt auf. Am Boden strömen in dieses Gebiet nun kühlere Luftmassen ein, die schwerer sind. Diese Strömung nehmen wir als Wind wahr. Die Windströmungen werden noch von vielen anderen Einflüssen bestimmt. Berge und Täler, Seen und Meere wie auch Wüsten verändern die Strömungen. Sie bewirken Abkühlung und Erhitzen oder auch einen schnelleren Durchlauf der Luft, z. B. bei einem langgezogenen Tal, das dann wie ein Kanal für den Wind sein kann. Dabei nimmt seine Geschwindigkeit enorm zu." – „Mama, mehr will ich jetzt nicht wissen. Mir wird schon ganz schwindelig. Das ist ja schwieriger als mein Rätsel!" stöhnt Rahel.

GEBET

Herr Jesus, der Wind ist so komisch. Man sieht ihn nicht und hört ihn nicht, und trotzdem ist er da. Fast will mir das ein wenig Angst machen. Aber irgendwie tröstet es mich auch. Wenn schon die Luft überall sein kann, dann kannst du auch überall sein. Und dann brauche ich keine Angst zu haben. Amen.

R. H.

2. APRIL

Der erste Regenbogen

„Ich weiß, wann der erste Regenbogen erschien!" gibt Jason ein bißchen gegenüber seiner Schwester an.

„Aber du warst nicht dabei!" antwortet Salome schlagfertig. „Da hast du recht", gibt er zu. „Wie wär's denn, würdest du Salome mal die Geschichte erzählen?" ermuntert Mutti.

„Also, das war so", beginnt Jason:

„Die Menschen waren sehr schlecht. Sie taten alles, was Gott nicht gefiel. Gott war darüber sehr traurig. Er beauftragte Noah, die Menschen zu bewegen, ihr böses Leben zu lassen. Noah liebte Gott. 120 Jahre lang predigte er den Menschen. Aber die Leute verspotteten Noah nur. So befahl Gott Noah, ein großes Schiff zu bauen. Er gab ihm die genauen Maße. Noah begann mit dem Bau. Seine Frau und seine drei Söhne und deren Frauen halfen auch mit. Nach vielen, vielen Jahren war das Schiff fertiggestellt. An einem bestimmten Tag sagte Gott, daß Noah mit seiner Familie und vielen Tieren, die Gott bestimmte, in die Arche gehen sollte. Und dann schloß Gott hinter ihnen die große Tür des Schiffes zu. Es begann zu regnen, vierzig Tage lang. Fünf Monate stand das Wasser dann hoch über der Erde, bevor es zurückging."

„Und die anderen Menschen, was geschah mit ihnen?" fragte Salome voller Entsetzen.

„Sie ertranken alle! Das Wasser stand so hoch, daß es die höchsten Gipfel aller Berge bedeckte. Als die Arche mit Noah und seiner Familie und den Tieren sich schließlich auf einem Berg niederließ, war das Wasser schon zurückgegangen und wich immer weiter zurück. So konnten alle wohlbehalten wieder an Land. Noah baute Gott einen Altar und dankte ihm für die wunderbare Errettung. Da gab Gott eine Zusage für alle Menschen, die nach Noah leben würden: ‚Nie wieder will ich die Menschen auf diese Weise umkommen lassen', sagte er. Als Zeichen seiner Bestätigung erschien der erste Regenbogen", beendet Jason seine Geschichte.

„Dann ist der Regenbogen also ein Zeichen Gottes?" will Salome wissen.

Inzwischen ist Mutter dazugekommen. „Ja", unterstreicht sie, „es ist das Zeichen, daß Gott mit uns Menschen noch mehr Geduld hat, als er vorher schon hatte."

GEBET

Wieviel Mut hat Noah gehabt, Gott. Ich hätte den Leuten nichts mehr erzählt. Manchmal bin ich schon zu feig, von dir zu reden, wenn die anderen mich nur einmal auslachen. Gib mir bitte Mut, mehr von dir zu sprechen. Amen. R. H.

3. APRIL

Kann man wirklich mit den Ohren sehen?

Ich habe eine Cousine, die blind ist. Bis sie zehn Jahre alt war, konnte sie genausogut sehen wie ich. Aber dann – vor drei Jahren ungefähr – wurde sie schwer krank, und auf einmal konnte sie nichts mehr sehen. Keine Bäume mehr, keine Vögel, keine Menschen, keine Autos – nichts, gar nichts. Nicht einmal die Sonne.

Furchtbar, haben Mama und Papa gesagt, als sie es erfuhren. Und ich war auch ganz erschrocken, und meine Cousine hat mir schrecklich leid getan. Ich wußte am Anfang gar nicht so recht, was ich mit ihr spielen sollte, wenn wir uns trafen, aber irgendwas haben wir immer gemacht.

Und heute – heute hat sie mir sogar etwas beigebracht. Sie hat mir nämlich erzählt, wie man mit den Ohren sehen kann. Ein Baum, hat sie gesagt, ein Baum sieht nicht nur schön aus, sondern man kann ihn auch hören, wenn der Wind durch ihn hindurchweht. Dann rauschen nämlich die Blätter. Als ich die Augen zugemacht habe, hab' ich das auch gehört. Und Vögel – Vögel zwitschern und pfeifen ganz laut, wenn man sich die Augen zuhält und mal genau hinhört.

Ich habe meiner Cousine gesagt, wie schlimm ich es finde, daß sie nicht einmal Licht sehen kann. „Dafür sehe ich aber auch nicht, wenn es dunkel um mich herum ist", hat sie mir geantwortet, „und ich muß mich nicht wegen der Dunkelheit fürchten. Außerdem – die Sonnenstrahlen sind so warm, daß ich genau weiß, wann draußen die Sonne scheint."

Ich hab' das mal ausprobiert und heimlich die Augen ganz fest zugekniffen, und die Sonne war wirklich ganz warm auf meinem Gesicht.

GEBET

Vater im Himmel, du hast dir wirklich alles genau überlegt. Danke, daß du uns außer unseren Augen auch noch Ohren geschenkt hast und Hände zum Fühlen. Amen. A. B.

4. APRIL

Wo ist unser Schatz?

Greta freut sich, denn Tante Eva ist für ein paar Tage zu Besuch gekommen. Tante Eva ist Mamas Schwester und sehr lieb. Wenn sie da ist, spielt sie oft mit Greta, oder sie gehen zusammen spazieren und unterhalten sich dabei. Greta schwärmt für Tante Eva. Kein Wunder – sie ist immer so schick gekleidet und trägt Schuhe nach der neuesten Mode. „Sie hat einen richtigen Schuh-Tick", sagt Mama immer und schüttelt den Kopf, wenn Tante Eva wieder mal besonders ausgefallene Schuhe trägt. Aber Greta gefallen sie. Schade, daß sie ihr noch viel zu groß sind!

„Wenn ich mal Geld verdiene", sagt sie zu Tante Eva, „dann kaufe ich mir auch solche tollen Schuhe mit Silberschnallen und Perlen drauf. Glaubst du, es gibt sie dann noch zu kaufen?"

Tante Eva lacht. „Vielleicht, es dauert ja noch ein Weilchen, nicht wahr?" Dann fährt sie der kleinen Nichte über die Haare und sagt: „Aber weißt du, Greta, hübsche Schuhe sind eigentlich nicht wichtig, und wenn ich mir keine kaufen könnte, würde es mir auch nichts ausmachen. Man kann sich an ihnen freuen, ja, so wie man sich an hübschem Schmuck freut. Aber man darf sein Herz nicht so daranhängen, als gäbe es nichts Wichtigeres. In der Bibel steht: ‚Wo euer Schatz ist, da ist auch euer Herz.' Das bedeutet, daß wir uns genau überlegen sollen, was uns so wertvoll ist, daß wir unser ganzes Herz daranhängen. – Verstehst du, was ich damit meine?"

Greta überlegt angestrengt. „Nicht so ganz, Tante Eva."

„Nun, Gott möchte, daß unser Herz frei bleibt für ihn und sein Wort. Er möchte sich nicht mit dem zweiten Platz zufriedengeben, weil er weiß, daß alles andere für uns nicht wirklich notwendig ist."

Gedankenvoll kaut Greta an ihrer Unterlippe. „Du meinst – man darf ruhig etwas besitzen, solange man sich innen drin fühlt, als wenn man es gar nicht hätte – als wenn man es jederzeit wieder abgeben könnte?"

Tante Eva nickt. „Ja, genauso habe ich es gemeint."

GEBET

Lieber Vater im Himmel, über das, was Tante Eva heute von den Schuhen und dem freien Herzen gesagt hat, habe ich mal in Ruhe nachgedacht. Bitte hilf mir, daß mein Herz nicht voll wird mit den falschen Dingen und daß du immer das Wichtigste in meinem Leben bleibst. Amen. A. B.

5. APRIL

Wie können Mücken an der Decke laufen?

„Ich möchte auch an der Decke spazierengehen wie die Mücke, immer muß ich nur unten laufen", beschwert sich Rahel. – „Mama, wie macht sie das eigentlich? Wenn sie an der einen Seite die Beine hochhebt, dann kippt sie doch dort oben um?"

„Die Fliege hat eben mehr Beine als wir", erklärt Mutter, „nämlich sechs Beine, wie andere Insekten auch. Wenn sie da oben spazierengeht, hebt sie zwei Beine von der einen, und ein Bein von der anderen Seite. Zwischen zwei Krallen an der jeweiligen Fußspitze befindet sich ein Haftballen, der winzige Härchen trägt. Jedes Haar gibt etwas klebrige Flüssigkeit ab. Diese hält gerade so fest, daß die Fliege nicht herunterfällt und dabei noch bequem weiterlaufen kann."

„Wünsch dir lieber nicht, eine Fliege zu sein", lacht der Bruder, „dann könnte man dich mit einer Fliegenklatsche leicht zerquetschen. Allerdings kannst du dann auch nicht an der Decke spazierengehen."

GEBET

Vater im Himmel, es müßte schon aufregend sein, an der Decke herumlaufen zu können. Aber wenn ich es mir so recht überlege, ich würde nie mit einer Fliege tauschen wollen. Danke, daß du mir so viele andere Fähigkeiten gegeben hast. Amen. R. H.

6. APRIL

Und er lebt doch!

Die Jünger des Herrn Jesus hatten sich noch nicht so richtig von Ostern erholt. Nie dachten sie, daß ihr geliebter Meister, Jesus, sterben müßte, schon gar nicht solch eine grausame Todesart, nämlich an ein Kreuz genagelt, draußen vor der Stadt!

Ja, und dann am Sonntag danach berichteten einige Frauen, sie hätten ihn gesehen. Aber Frauen konnte man nicht so richtig glauben, dachten sie, die hatten sich das vielleicht nur gewünscht!

An diesem Tage waren zwei der Jünger unterwegs von Jerusalem nach Emmaus. Sie hatten zehn Kilometer lang Zeit, um sich zu unterhalten. Ein Mann stieß zu ihnen und mischte sich ins Gespräch ein. Er erklärte ihnen haargenau, warum dies alles hatte so kommen müssen, indem er ihnen Bibelverse aus dem Alten Testament vor Augen hielt. Die Jünger waren so beeindruckt, daß sie gar nicht merkten, daß es Jesus selbst war, der mit ihnen ging. Schließlich kamen sie an das Haus, in dem sie übernachten wollten. Sie luden den scheinbar Fremden ein, bei ihnen über Nacht zu bleiben. Beim Abendessen, als Jesus das Brot brach, erkannten sie ihn endlich. Aber Jesus verschwand dann wieder vor ihren Augen.

Sie aber wußten genau: Er lebt! Nun waren es nicht mehr die Berichte der Frauen, die sie überzeugt hatten. Sie hatten Jesus selbst gesehen. „Und er lebt doch!" riefen sie den anderen Jüngern zu, als sie zurückkamen.

GEBET

Herr Jesus, sicher war es schwer zu begreifen, warum du am Kreuz gestorben bist. Die Jünger damals konnten es nicht verstehen. Du hast dir die Mühe gemacht, es ihnen noch einmal zu erklären. Danke, daß ich auch nicht jede Geschichte beim ersten Mal begreifen muß. Gib, daß ich aber immer mehr verstehe, was du durch die Bibel zu mir sagen willst. Amen.

R. H.

7. APRIL

Wir gehen wieder fischen

Später war Jesus dann allen erschienen.

Es gab keinen Zweifel. Er lebte wirklich. Aber wie sollte es nun mit ihnen weitergehen? Jesus war nicht mehr sichtbar unter ihnen. Niemand sagte ihnen, was sie tun, wohin sie gehen sollten.

„Ich geh' wieder fischen", sagte Simon Petrus zu den anderen. Und die antworteten: „Wir gehen mit."

Die ganze Nacht bemühten sie sich, im See Tiberias Fische zu fangen. Aber kein einziger Fisch ging ins Netz. Sicher waren sie recht niedergeschlagen. Als es schließlich Morgen wurde, stand Jesus am Ufer. Doch sie erkannten ihn nicht. Der Mann am Ufer sprach mit ihnen, und schließlich sagte er: „Werft eure Netze an der rechten Bootsseite aus, dann werdet ihr Erfolg haben." Es klappte tatsächlich. Da erkannte ein Jünger, daß es Jesus war, und sagte zu Petrus: „Es ist der Herr!"

Petrus war so bewegt, daß er in den See sprang und zum Ufer schwamm.

Jesus hatte schon ein Kohlefeuer angezündet. So saßen sie beieinander und aßen. Jesus teilte Brot und Fisch unter sie aus.

Da erkannten auch die anderen, daß es Jesus war.

Es war das dritte Mal, daß sich Jesus nach seiner Auferstehung den Jüngern gezeigt hatte. Nachzulesen bei Johannes 21.

GEBET

Wie gut kann ich die Jünger verstehen, Jesus. Sie waren entmutigt. Manchmal geht es mir wie den Jüngern. Ich sehe nicht, wie es weitergehen soll. Doch ich will dir Glauben schenken, daß du da bist, auch wenn ich dich nicht sehen kann. Amen.

R. H.

8. APRIL

Pinguin-Papas sind lieb

Pinguine sind putzige Tiere. Sie gehen wie wir Menschen auf zwei Füßen und wackeln dabei so lustig mit ihrem Po hin und her, als hätten sie's furchtbar eilig.

Schwimmen und tauchen können sie so schnell wie ein Blitz, und wenn sie dann wieder aus dem Wasser kommen, landen sie sofort kerzengerade auf ihren Füßen.

Ich könnte ihnen stundenlang dabei zusehen. Natürlich nicht am Südpol, dort wäre es mir viel zu kalt. Aber im Zoo – da sind viele Pinguine, und da gehe ich sehr gern hin.

Einmal hat mir der Zoowärter erklärt, wie das mit dem Kinderkriegen bei den Pinguinen ist. Er hat gesagt, daß nicht die Pinguin-Mutter das Pinguin-Kind nach der Geburt großzieht, sondern der Pinguin-Vater. Der wärmt das Kleine nämlich ganz viele Wochen lang unter seiner dicken Bauchfalte, bis es groß genug ist, um sich selbst zu versorgen.

Ist das nicht toll?

Mein Vater hat mich zwar noch niemals unter seiner Bauchfalte gewärmt, aber dafür hat er mich gewickelt, als ich noch ein Baby war und mir meine Flasche gegeben. Außerdem spielt er oft mit mir, und im Herbst hat er mir sogar einen Drachen

gebaut. Ich finde, er ist als Papa genauso prima wie die Pinguin-Väter!

GEBET

Herr Jesus, immer, wenn ich im Zoo die Pinguin-Väter ansehe, dann denke ich an meinen Papa. Ich hab' ihn doll lieb und danke dir sehr dafür, daß du ihn für mich ausgesucht hast. Amen.

A. B.

9. APRIL

Ein Ungeheuer im Garten

„Mama, Mama, komm schnell, ein Ungeheuer ist in unserem Garten!" Salome kommt durch die offene Küchentür gestürmt, gefolgt von ihrem Bruder. „Es ist sooo groß!" Salome breitet die

Hände dabei aus. „Nun übertreib' mal nicht", unterbricht sie Jason, „aber so zehn Zentimeter könnte es schon groß sein." Mama lacht: „So, so, ein Ungeheuer von zehn Zentimetern, das ist ja angsterregend! Aber ihr holt doch besser Papa her, denn für ‚Viecher' bin ich nicht so gut zu haben."

Vater hat das Geschrei schon gehört und geht mit den Kindern nach draußen. „Ist das ein schönes Tier!" ruft er begeistert. „Das ist ein Hirschkäfer." Er bückt sich, um den Käfer auf die Hand zu nehmen. „Papa, nicht!" schreit Salome, „wenn er dich zwickt!" – „Keine Sorge", sagt Vater, „die gewaltigen Zangen benutzt er nur im Kampf um sein Weibchen, ansonsten sind sie seine Zierde. Er frißt keine anderen Tiere auf, sondern ist ein Saftlecker. Solche Käfer können bis zu elf Zentimetern lang werden und sind ungefährlich und äußerst nützlich. Sie räumen den Wald auf, indem sie beim Abbau von Baumstümpfen aktiv sind. An verrottenden Baumwurzeln kann ein Weibchen dieses Käfers hundert Eier ablegen. Dazu gräbt es sich etwa 80 Zentimeter tief in den Boden ein. Die Wurzel wird schließlich zu gutem Humus. Dieser ist bereit, einen neuen Baumsamen aufzunehmen und zum Baum wachsen zu lassen."

GEBET

Vater im Himmel, vor manchem habe ich Angst, weil ich es nicht kenne. Der Hirschkäfer scheint mir so ungeheuerlich. Doch jetzt weiß ich, daß er ungefährlich und sogar nützlich ist. Danke, daß ich meinen Papa habe, der mir so vieles erklärt. Amen.

R. H.

10. APRIL

Maikes Schuld

Bisher ist es für Maike immer sehr schwierig gewesen, darüber nachzudenken, warum wir Menschen dem Herrn Jesus so viel verdanken.

Ja, er hat damals – als er noch als ein Mensch auf der Erde lebte – großartige Dinge getan. Wer kennt nicht die Geschichte von dem kleinen Mädchen, das tot war und das Jesus wieder zum Leben erweckt hatte? Wer hat noch niemals etwas von den fünf Broten und den zwei Fischen gehört, die er unter 5000 Menschen aufgeteilt hat, und wer weiß nichts von dem blinden Mann, den er wieder sehend gemacht hatte?

Von all diesen Wundern hatte Maike im Kindergottesdienst auch schon gehört. Aber sie – was hatte sie persönlich mit Jesus zu tun? Sie lebt doch heute, und nicht früher! All die Menschen früher haben Jesus persönlich gekannt, aber sie doch nicht!

Das alles hat Maike immer viel zu denken gegeben, und mit dem Wort „Sünde“ hat sie nie etwas Rechtes anfangen können.

Erst als der Vater heute viel Geld dafür bezahlen mußte, weil Maikes Tennisball bei der Nachbarin die Scheibe vom Wohnzimmer durchschlagen hatte, war ihr etwas klargeworden:

Der Vater hatte ihre Schuld bezahlt, denn allein hätte sie es nicht tun können. Dafür war die neue Scheibe viel zu teuer. Er hatte etwas gutgemacht, was ihr selbst nicht möglich war.

Der Vater hat mit Geld Maikes Schuld gezahlt.

Und Jesus? Jesus hat für die Sünden der Menschen mit seinem Leben bezahlt, weil alles Geld der Welt nicht dafür ausgereicht hätte.

GEBET

Herr Jesus, jetzt erst habe ich so richtig verstanden, was du für uns alle getan hast. Du hast dich kreuzigen lassen, obwohl du selbst nichts Schlimmes gemacht hattest. Du hast all unsere Sünden auf dich genommen – auch meine. Ich kann dir als Dank dafür gar nichts geben. Aber ich will dir sagen, daß ich zu dir gehören will. Ja, ich will dir gehören, weil du mich so liebhast, daß du sogar für mich gestorben bist. Amen. A. B.

11. APRIL

Christina ist nicht mehr meine beste Freundin

Ich mag morgen überhaupt nicht in die Schule gehen. Ich will Christina nicht sehen. Christina ist gemein. Sie hat heute in den Pausen immerfort nur mit Linda gespielt. Mich wollte sie gar nicht dabeihaben. Obwohl ich ihre beste Freundin bin. Als ich gemerkt habe, daß sie mich nicht dabeihaben wollten, bin ich zu Babette rübergelaufen und habe mit ihr und ein paar anderen aus meiner Klasse Fangen gespielt. Ich hab' einfach so getan, als wenn mir das ganz viel Spaß gemacht hätte.

Dabei habe ich die ganze Zeit nur die Christina und die Linda beobachtet. Wie sie zusammenstanden und Aufkleber ausgetauscht haben.

Sonst hat Christina das immer mit mir gemacht.

Als ich ihr das gesagt habe, hat sie nur gelacht und gemeint, meine Aufkleber würde sie doch schon alle kennen, und die Hälfte davon hätte ihr ja sowieso selber mal gehört. Und dann hat sie noch gesagt, daß sie heute mit Linda zusammen die Hausaufgaben machen will.

Da habe ich gesagt, daß mir das ganz egal ist und daß sie mich bloß nicht besuchen sollen, weil ich überhaupt keine Zeit habe.

Christina ist gemein. Ich will gar nicht mehr mit ihr spielen. Und meine beste Freundin ist sie auch nicht mehr.

GEBET

Herr Jesus, ich würde es ganz toll finden, wenn die Linda morgen gar nicht in die Schule käme. Aber das könntest du nur hinkriegen, wenn sie krank würde, nicht wahr? Krankwerden soll sie aber bitte nicht, weil es ganz blöd ist, wenn man im Bett liegen muß.

Bitte, könntest du dann nicht vielleicht statt dessen dafür sorgen, daß sie mich mitspielen lassen? Ich hätte so gern, daß Christina wieder meine beste Freundin ist! Amen. A. B.

12. APRIL

Der Hirschkäfer

Die Kinder haben einen Hirschkäfer gefunden. Vater hat ihn auf die Hand genommen.

„Papa, ich habe noch nie einen schmutzigen Käfer gesehen! Sogar die kleinen Mistkäfer, die über den Weg laufen, glänzen immer. Wer putzt sie eigentlich?" fragt Rahel. „Und sie haben auch nie eine Beule, immer sind sie glatt, wie frisch aus der Waschanlage, und bestens gepflegt." – „Ja, wenn die Autohersteller solch ein Material herstellen könnten wie den Panzer des Hirschkäfers, die würden im Nu reich. Denn diese wunderbare ‚Lackierung' des Käfers ist kratzfest, hitze- und kältebeständig. Und wenn durch Druck sich der Panzer einmal verbiegt, springt er augenblicklich wieder in seine alte Form zurück", erklärt Vater.

„Vielleicht erfinde ich später mal diesen Stoff", sagt Jason. „Dann werde ich ein reicher Mann sein, und" – er fügt eine kleine Pause ein und grinst dabei vor sich hin, „euch einmal großzügig unterstützen."

Vater lacht: „Danke, das ist wirklich lieb von dir. Aber laß mich zum Panzer des Käfers noch etwas sagen. Der Grundstoff ist eigentlich ganz primitiv. Er besteht nur aus Eiweiß und Zucker. Chitin ist der Name dafür. Aber selbst wenn man das herstellen könnte, so ist es fast unmöglich, die genaue Feinstruktur davon nachzubilden." Salome schüttelt den Kopf: „Die Menschen meinen doch, sie seien so klug. Dabei können sie nicht einmal die Außenseite eines Käfers herstellen."

GEBET

Jesus, die Menschen meinen immer, so klug zu sein. Wenn sie doch nur einen Käfer genau anschauen würden! Du bist viel größer und viel klüger. Das macht mich froh. Denn dann weißt du auch, wie es mir geht. Danke, daß du nicht nur den Käfer wunderbar gemacht hast, sondern auch mich. Amen. R. H.

13. APRIL

Das Wichtigste von allem

Obwohl Weihnachten schon ganz lange vorbei ist, lese ich immer noch manchmal in dem dicken Buch mit dem Schneemann und den vielen Kindern drauf. Da stehen so schöne Geschichten drin.

Aber eine Geschichte steht darin, die noch gar nicht fertig ist.

Immer, wenn ich die lese, dann denke ich, daß noch mehr dastehen müßte und daß die Geschichte noch gar nicht richtig zu Ende ist.

Sie handelt von Jesus und von der Weihnachtsfreude. Da steht, daß Jesus ein solch großartiger Mensch gewesen ist, daß wir uns immer an ihn und an seine Wundertaten erinnern sollen. „Niemals wieder hat irgendein Mensch so sündenfrei gelebt wie er – deshalb ist er es wert, daß wir jedes Jahr aufs neue seinen Geburtstag feiern", so heißt es in der Geschichte. Und dann kommt nichts mehr.

Nirgends steht darin geschrieben, daß Jesus Gottes Sohn und für uns am Kreuz gestorben ist. Daß er alle unsere Sünden auf sich genommen hat, damit Gott uns vergeben kann.

Dabei ist das doch eigentlich das Wichtigste von allem!

GEBET

Herr Jesus, ich bin so froh darüber, daß du auch meine Sünden auf dich genommen und an meiner Stelle dafür gebüßt hast. Am liebsten würde ich die Geschichte in dem dicken Buch zu Ende schreiben, denn das Wichtigste von dir steht eigentlich gar nicht drin. Ja, ich werde es einfach mit einem Bleistift dazuschreiben! Amen. A. B.

14. APRIL

Kinder sind doch wichtig!

Saskia hat schon längst die Anna einmal fragen wollen, ob sie nicht Lust hätte, am Sonntag mitzukommen in den Kindergottesdienst. Jetzt endlich hatte sie daran gedacht, und Anna hatte gleich zugestimmt!

Die beiden Mädchen verabredeten sich für den kommenden Sonntag, und Saskia rannte freudestahlend nach Hause.

„Mama! Stell dir vor – Anna wußte gar nicht, daß bei uns in der Gemeinde jeden Sonntag Kindergottesdienst ist – ich hab's ihr heute erzählt, und das nächste Mal will sie mitgehen, super, nicht?"

Beim Mittagessen wird Saskia nachdenklich. „Du, Mutti, ist es nicht schade, daß nur die Erwachsenen etwas für Gott tun können? Unsere Kindergottesdiensthelfer sind alle schon über sechzehn Jahre alt, und unser Pfarrer ist noch viel älter, und die Gemeindeältesten sind auch alt. Warum kann Gott denn eigentlich keine Kinder gebrauchen?"

Ruhig antwortet die Mutter: „Aber er braucht Kinder – sogar ganz dringend. Heute hat er zum Beispiel dich ganz nötig gebraucht!"

Wie bitte? Saskia hört auf zu essen und sieht die Mutter verwundert an. Sie zeigt mit der Gabel auf sich und fragt: „Mich?! – Wieso denn ausgerechnet mich?"

„Doch", nickt die Mutter, „er hat dich wirklich gebraucht. Bist du es nicht gewesen, die Anna vom Kindergottesdienst erzählt hat, so daß sie sogar am kommenden Sonntag dorthin mitgehen möchte? Siehst du, um Anna ihren Weg zu ihm zu zeigen, hat Gott sich keinen Erwachsenen ausgesucht, sondern dich – ein Kind!"

Saskia denkt nach, und dann fühlt sie eine große Freude in sich aufsteigen. Mama hat recht: Gott braucht sie wirklich.

GEBET

Lieber Vater im Himmel – jetzt bin ich ganz sicher, daß du sogar uns Kinder schon gebrauchen kannst. Ich danke dir dafür, daß du gerade mich ausgesucht hast, um Anna vom Kindergottesdienst zu erzählen. Amen. A. B.

15. APRIL

Monsterfilme mag ich nicht

Ob Mama wohl böse mit mir ist, wenn sie erfährt, daß Kirsten und ich heute nachmittag ferngesehen haben? Eigentlich hatte mir Mama nämlich verboten, den Film mit den Gespenstern und Monstern zu sehen. Sie hat gesagt, ich würde davon träumen.

Ich hätte bestimmt auf sie gehört, aber dann ist Kirsten gekommen und hat mich zum Spielen abgeholt. Zuerst haben wir mit ihren Stofftieren gespielt – Tierarzt und so –, und später haben wir gemalt.

Aber dann hat Kirsten keine Lust mehr gehabt, irgend etwas zu machen, und sie hat vorgeschlagen, wir könnten uns doch den Film mit den Monstern im Fernsehen anschauen.

Ich hab' ihr gesagt, daß ich den nicht sehen darf. Aber da hat sie gelacht und gemeint, ich wäre wohl noch ein Baby. Und sie dürfte sogar schon Krimis sehen, „Colombo" und solche Sachen.

Da habe ich mich geärgert und hatte eine Wut auf Mutti, weil sie mir verboten hat, den Film anzusehen.

Und dann haben wir ihn trotzdem gesehen.

Er hat mir überhaupt nicht gefallen, aber das habe ich Kirsten nicht gesagt.

GEBET

Lieber Herr Jesus, glaubst du, daß Mutti böse auf mich ist, wenn ich ihr sage, daß ich den Film bei Kirsten gesehen habe, obwohl sie es mir verboten hatte? Muß ich es ihr überhaupt sagen? Ich will jetzt mal eine Weile ganz still sein und die Augen fest zumachen. Bestimmt kann ich dann hören, was du dazu meinst. Amen. A. B.

16. APRIL

Merles Stein

Seit heute morgen habe ich eine neue Klassenkameradin. Sie ist in das Haus neben uns eingezogen. Wir sind von der Schule aus zusammen heimgegangen und haben uns viel erzählt. Merle hat gesagt, sie hätte einen tollen weißen Stein in ihrem Kinderzimmer. Den hat sie von ihrem Onkel bekommen, als sie umgezogen ist. Ihr Onkel hat gesagt, sie kann dem Stein alles erzählen, was ihr in der neuen Stadt Kummer bereitet oder was sie freut. Der Stein würde Merle immer zuhören und sie beschützen.

GEBET

Herr Jesus, ich finde die Merle nett und möchte gern oft mit ihr spielen. Aber sie soll nicht an den dummen Stein glauben, sondern lieber an dich! Der olle Stein kann ihr doch sowieso nicht helfen, wenn es ihr schlechtgeht. Aber du – du kannst es ganz bestimmt. Bitte hilf mir doch, daß sie mir das glaubt, wenn ich es ihr sage! Amen. A. B.

17. APRIL

Welches sind die größten Vögel?

Als wir heute mit dem Auto unterwegs waren, flatterte ein großer Vogel über die Autobahn. „Was war das denn?" ruft Salome erschrocken, „so einen großen Vogel habe ich noch nie gesehen." – „Es war ein Fasan", antwortet Mutter. „Diese Tiere leben wild und sind für viele Menschen als Speise eine besondere Spezialität." – „Aber die Schwäne sind noch größer", weiß Sulamith.

„Das stimmt", antwortet Mutter. „Aber auch sie sind noch längst nicht die größte Vogelart. Der Strauß gehört zu den größten, lebenden Vögeln. Starke Tiere können 150 kg schwer und bis zu 2,6 Meter groß werden. Wir finden Strauße in Afrika. In Südamerika lebt der Nandu, in Australien der Emu – alles ähnlich große Vögel. Ihre Lebensgebiete sind die Steppen und Savannen. Sie haben ein zu großes Gewicht, um fliegen zu können. Ihre Flügel benutzen sie als Balance beim schnellen Laufen und wenn sie eine Kurve einlegen. Auf kurzen Strecken erreicht der Strauß 70 km/h Geschwindigkeit."

„So schnell fahren wir gerade", äußerst sich Jason, der gerade den Tacho des Autos anschaut. „Mann, das ist ja unheimlich schnell", staunt Rahel. „Und der Strauß hat nicht einmal eine ebene Straße zum Rennen."

GEBET
Der Strauß kann wohl sehr schnell rennen, Herr. Aber ich kann dafür soviel andere Dinge: Singen und rechnen, mich unterhalten und mich an etwas freuen. Danke, daß du mich so gemacht hast, wie ich bin. Amen. R. H.

18. APRIL

Eier

„Heute soll es Eierpfannkuchen geben, und ich hab' mal wieder kein einziges Ei im Haus“, seufzt Mutter. „Jetzt haben wir genug Hühner, und jeder ist zu bequem, um beim Versorgen gleich die Eier mitzubringen.“ – „So einfach ist das aber nicht!“ wehrt sich Sulamith. „Seit wir die Hühner frei laufen lassen, suchen sie sich immer neue Nester auf dem Heuboden. Da bräuchte man ein Eiersuchgerät.“ – „Versuch bitte auch ohne Suchgerät ein paar zu finden!“ bittet Mutter.

Sulamith kommt zurück: „Mama, ich habe ein ganzes Nest voll gefunden und muß zuerst eine Schüssel holen.“

„Danke“, sagt Mutter erleichtert. Sulamith sortiert die Eier in den Kühlschrank. „Da ist ein besonders großes Ei!“ Sie zeigt es Mutter. „Möglicherweise hätte das Zwillinge gegeben, wenn das Ei ausgebrütet worden wäre.“ Mutter schlägt das Ei auf. Tatsächlich sind zwei Eidotter darin enthalten.

„Gibt es so etwas beim Menschen auch?“ will Sulamith wissen.

„Ja“, antwortet Mutter, „du kennst sogar welche. Weißt du noch, neulich meintest du, Albert sei da. Du hast ihn angesprochen. Aber er fing zu lachen an und sagte: ‚Ich bin gar nicht Albert. Ich bin sein Bruder.‘ Du warst ganz irritiert, als er sich mit Alex vorstellte.“

„Natürlich weiß ich das noch. Richtig peinlich war das. Denn er hatte auch eine andere Frau im Arm als Marion, die ja Alberts Frau ist. Inzwischen würde ich sie nicht mehr verwechseln. Irgendwie sind sie ganz verschieden, auch wenn man beim ersten Hinsehen meint, sie seien gleich." Sulamith denkt nach: „Dann haben sie also genau dieselben Erbanlagen und sind doch verschieden." – „Ja", bestätigt Mutter, „das ist wieder eines von Gottes Geheimnissen. Keinen Menschen gibt es zweimal. Jeder ist von Gott als Original erschaffen, auch wenn es zunächst aussieht, als sei alles gleich. Vielleicht wollte Gott damit uns Menschen wissen lassen, daß jeder ganz persönlich von ihm geliebt ist."

GEBET
Keinen gibt es zweimal. Danke, Vater im Himmel. Auch mich hast du auf einzigartige Weise gemacht. Ich bin dir als einzelner ganz arg wertvoll, auch wenn es noch viele andere Menschen gibt. Für dich bin ich etwas ganz Besonderes. Danke! Amen. R. H.

19. APRIL

Das größte Ei

Sulamith hat beim Eiersuchen ein besonders großes Ei gefunden. Inzwischen ist es schon zu Pfannkuchen verarbeitet. Aber Sulamith macht sich so ihre Gedanken. „Mama, wieviel Eier bräuchten wir denn, wenn wir ein Straußenei zum Backen verwendet hätten?" will sie wissen. Mutter lacht: „Da müßten wir wohl eine Extrapfanne dafür kaufen. Ein einziges Staußenei kann bis 1600 Gramm schwer sein. Die südamerikanischen

Nandus und auch die afrikanischen Strauße legen ihre Eier in Mulden zum Ausbrüten. Die Strauße wechseln sich beim Brüten ab. Nachts brütet der Hahn, tags die Henne. Das kann für das Männchen recht anstrengend sein, denn es kann bis zu sechs Hennen haben. Der australische Emu hat nur eine Partnerin. Dafür ist der Hahn für die gesamte Brutzeit zuständig für das Nest. Bis zu vierzig Tagen sitzt er darauf und verläßt es nur kurz, um Futter aufzunehmen." – „Und was machen die Hennen in der Zwischenzeit?" will Sulamith wissen. „Davon habe ich keine Ahnung", gibt Mutter zu. „Aber vielleicht backen die inzwischen leckere Eierkuchen", schmunzelt sie.

„Da würden sie aber wohl Schwierigkeiten mit ihren Männern bekommen", lacht Sulamith.

GEBET

Herr, es gibt so viel Sehenswertes und Wissenswertes auf dieser Erde. Jedem Tier hast du seine Besonderheiten gegeben und seine Aufgaben. Ich will auch meine Aufgaben gewissenhaft erledigen und mich nicht so oft davor drücken. Amen.

R. H.

20. APRIL

Leben tief unten im Meer auch Tiere, und können sie etwas sehen?

Heute waren wir zum Schwimmen am See. Jason kann schon richtig tauchen. „Je tiefer man nach unten kommt, um so dunkler wird es dort", berichtet er den anderen. „Vati, wie ist das dann im Meer? Was machen denn dort die Meerestiere, wenn sie nichts mehr sehen? Oder gibt es dort gar keine?" will er wissen.

„Das ist eine gute Frage“, sagt Vater. „In der Meerestiefe ist es nicht nur dunkel, sondern stockfinster und außerdem eiskalt. Es ist fast unglaublich, aber eine große Zahl von Fischen, Krabben und Kraken haben eine Leuchtquelle. Sie ist am Körper in Reihen angeordnet, sitzt in Form von Punkten um die Augen oder am Schwanz. Manche führen sie sogar in einer Art Laterne mit sich an einem Fühler. Es gibt Tiere mit Drüsenzellen, die auf chemische Weise Licht produzieren. Bei anderen funktioniert das Licht über Leuchtbakterien, die in entsprechenden Kanälen am Tier sitzen und dort leben. Diese können angeschaltet werden, indem durch das Blut des Fisches Sauerstoff vermehrt zugeführt wird, und ‚ausgeknipst‘, indem die Blutzufuhr gedrosselt wird. Es gibt viele Geheimnisse, die noch gar nicht erklärt werden können. Aber schon die, die bekannt sind, können uns ins Staunen versetzen“, fügt Vater hinzu.

„So schön auch das Tauchen ist, mein Bett ist mir aber doch noch lieber. Wie warm habe ich es darin! Huch, mich friert, wenn ich schon allein an die Kälte da unten denke“, schüttelt sich Jason.

GEBET

Wie bin ich froh, daß ich nicht in der Meerestiefe leben muß, lieber Herr Jesus. Dann müßte ich immer eine Lichtquelle bei mir haben. Danke, daß ich den schönen blauen Himmel sehen kann und die warmen Sonnenstrahlen fühlen. Und danke für mein herrliches Bett. Amen. R. H.

21. APRIL

Das Schulbrot im Papierkorb

„He – was hast du auf deinem Schulbrot?" will Markus wissen und stößt Christian an. Christian klappt seine Brothälften auseinander und schnalzt mit der Zunge. „Hhhmm – Salami!"

Herzhaft beißt er ein großes Stück Brot ab und reibt sich genießerisch den Bauch. „Und du – was hast du drauf?"

Markus betrachtet sein eigenes Brot und verzieht das Gesicht: „Leberwurst – ich mag keine Leberwurst – igitt!"

Rasch wickelt er das Pausenbrot, das seine Mutter ihm mitgegeben hat, wieder ein. Achtlos schiebt er es weit von sich bis an die hinterste Kante seines Tisches. Nun ja, sonst ißt er Leberwurst eigentlich ganz gern. Aber heute eben nicht. Heute wäre ihm Salami viel lieber.

Als die Kinder den Klassenraum verlassen, läßt Markus im Vorbeigehen geschwind das Päckchen mit seinem Schulbrot im Papierkorb neben der Tür verschwinden. Niemand hat etwas bemerkt – oder doch?

Frau Becker, seine Lehrerin, fährt ihm draußen auf dem Flur durch das strubbelige Haar und fragt freundlich: „Sag mal, Markus, betet ihr eigentlich zu Hause vor den Mahlzeiten?"

Markus fährt herum. „J-ja, doch", stottert er verlegen, „komm, Herr Jesus, und sei unser Gast, und so."

Frau Becker sieht Markus nachdenklich an.

„. . . und segne, was du uns bescheret hast . . . Was meinst du, Markus, ob Jesus wohl auch die Schulbrote segnet? Dann wären sie etwas ganz Besonderes, nicht wahr?"

Als Frau Becker um die Ecke verschwunden ist, rennt Markus zurück in die Klasse. Mit rotem Kopf angelt er sein Schulbrot aus dem Papierkorb und steckt es in seine Schultasche.

Nein, gesegnetes Brot kann man nicht einfach fortwerfen wie einen wertlosen Fetzen Papier . . .

GEBET

Herr Jesus, du segnest unser Essen, weil wir dich darum bitten. Bestimmt hast du auch mein Pausenbrot gesegnet, da bin ich ganz sicher. Bitte vergib mir, daß ich es heute beinahe fortgeworfen hätte! Amen. A. B.

22. APRIL

Wo ist Tante Dette?

Wenn jemand gestorben ist, den ich kenne, bin ich immer traurig. So wie damals, als Tante Dette sehr krank wurde und dann starb. Sie war schon ganz alt und runzelig. Ich habe geweint und daran gedacht, daß ich nun nie mehr wieder mit ihr sprechen kann.

Der Pastor hat bei der Beerdigung von Tante Dette gesagt, daß sie jetzt bei Jesus ist und daß es ihr dort viel besser geht als vorher. Da war ich nicht mehr so traurig.

Aber jetzt bin ich nicht mehr so sicher, daß Tante Dette bei Jesus ist. Im Familiengottesdienst hat der Pastor nämlich heute gesagt, daß jeder Mensch in seinem Leben einmal eine Entscheidung treffen muß, ob er zu Jesus gehören will oder nicht.

Und daß ihm nur dann alle seine Sünden vergeben werden können, wenn er an Jesus glaubt und ihn von ganzem Herzen darum bittet.

Ich wünsch' mir sehr, daß die Tante Dette sich rechtzeitig für Jesus entschieden hat!

GEBET

Herr Jesus Christus, du weißt ja, daß ich eine Menge Tanten habe, aber Tante Dette war meine Lieblingstante. Ich denke oft an sie. Früher, als sie noch nicht so krank war, habe ich mich manchmal ganz lange mit ihr unterhalten, aber nie hat sie von dir gesprochen. Hätte ich sie doch bloß irgendwann einmal gefragt, ob sie dich genauso liebhat wie ich. Ach, hoffentlich ist sie jetzt wirklich bei dir! Amen. A. B.

23. APRIL

Der Regenbogen im Garten

Draußen ist es warm geworden. Lange hat es nicht geregnet. Vater steht im Garten und wässert die jungen Pflanzen. „Sieh nur, ein Regenbogen!" ruft Salome voller Entzücken.

„Tja, nun haben wir einen ganz privaten Regenbogen im Garten", schmunzelt Vater. „Aber leider nur so lange, wie das Wasser aus dem Gartenschlauch spritzt."

„Papa, wie entsteht ein Regenbogen?" will Salome wissen. „Ob der Regenbogen am Himmel oder der kleine im Garten, es beruht alles auf derselben Grundlage. Voraussetzung, um einen Regenbogen wahrzunehmen, ist, daß man die Sonne im Rücken hat und vor sich einen Regenschauer (das kann auch in weiterer Entfernung sein) oder den Wasserstrahl des Gartenschlauches. Tausende von Regentropfen wirken wie Spiegel. Das Licht wird in den einzelnen Tropfen gebrochen und in die Farben zerlegt, die das Sonnenlicht hat. So kann man die farbigen Streifen des Regenbogens von Lila über Grün, Gelb und Rot bewundern."

„Und warum ist der Regenbogen manchmal klein, manchmal breit und manchmal schmal, manchmal ganz stark und manchmal schwach?" fragt Salome weiter.

„Für das alles gibt es auch eine Erklärung", antwortet Vater, „leider weiß ich die nicht. Eins aber kann ich dir sagen, letztlich sind dies alles Erfindungen Gottes, zu unserer Freude."

GEBET

Vater im Himmel, der Regenbogen ist so wunderschön. Was hast du dir alles ausgedacht, damit wir Freude haben! Ich danke dir, daß ich leben und all das Schöne anschauen darf! Amen.

R. H.

24. APRIL

Kann eine Entenmutter zählen?

„Papa, Papa, du mußt zu den Tieren am Schuppen kommen. Irgend etwas stimmt nicht", ruft es aus dem Hof.

„Ich komm' ja schon", brummt Vater. Er sitzt gerade an einem wichtigen Brief, den er eigentlich lieber fertig schreiben würde. Aber nun geht er zu den Kindern.

„Also, es ist so", beginnt Rahel wichtig. „Zuerst kam die Entenmutter mit den Küken. Sonst kümmert sie sich immer ganz lieb um sie. Aber plötzlich lief sie wieder weg. Wir zählten nach. Da merkten wir, daß eines der Küken fehlt. Vielleicht hat sie ihre Kinder gezählt und merkte, daß eines fehlt. Und jetzt ist sie auf die Suche gegangen." – „Ich hab noch nie gehört, daß eine Ente zählen kann", lacht Vater. „Aber wir können mal nachschauen."

Die Kinder gehen mit Vater über die Wiese und schauen auch beim Teich nach, den die Entenmutter häufig mit den Kleinen aufsucht. „Ich seh' sie", ruft Jason begeistert. „Dort steht sie. Und das vermißte Entenküken ist auch dabei. Aber irgend etwas scheint nicht zu stimmen." Sie kommen näher. „Das Küken liegt auf dem Rücken und strampelt. Es kommt nicht mehr auf die Beine. Anscheinend ist es krank", bemerkt Salome.

Vater nimmt das Kleine hoch. Die Entenmutter versucht mutig, es zu verteidigen. Sie weiß nicht, daß Vater dem Küken helfen will. Vater redet beruhigend auf die Mutter ein. Schließlich gibt sie auf und wackelt Richtung Heimat zu ihren anderen Jungen.

Wir pflegen das Kleine, geben eine Wärmflasche unter es und hüllen es in warme Tücher. Nach ein paar Stunden ist es wieder wohlauf. Es fängt laut zu jammern an. Offensichtlich sucht es seine Mutter.

Nun suchen wir die Entenmutter, die schon wieder unterwegs ist. Wir finden sie weiter unten auf der Wiese.

Das Kleine lassen wir in ihrer Nähe auf den Boden. Es piepst laut und aufdringlich. Beglückt watscheln Mutter und Kind aufeinander zu. Die Entenmutter stößt das Kleine liebevoll an und zupft seinen Flaum zurecht. Schließlich führt sie es zu ihren anderen Kindern.

„Siehst du", ruft Rahel triumphierend aus, „ich hab' es ja gleich gesagt: Sie kann doch zählen!"

GEBET
Vater im Himmel, ich staune, wie du den Tieren die Fähigkeit gegeben hast, für ihre Jungen zu sorgen. Wieviel mehr trägst du auch Sorge um mich. Ich bin so froh, daß ich dir auch nicht verlorengehen kann. Amen. R. H.

25. APRIL

Warum hat Jesus Wasser zu Wein gemacht?

Rahels große Schwester hat geheiratet. Es war ein frohes Fest, und wir freuten uns über die vielen Verwandten, die wir auf diese Weise wieder einmal treffen konnten.

Als ich die Geschichte von der Hochzeit zu Kana erzähle, meint Rahel: „Das wäre doch toll gewesen, Jesus hätte bei uns das Wasser zu Limonade und Cola verwandelt. Warum hat er bei dem Wunder in Kana Wasser ausgerechnet zu Wein gemacht? Die Leute tranken dann vielleicht noch mehr, als sie es sonst getan hätten. Es soll ja ein besonders guter Wein gewesen sein."

„Es ging Jesus sicher nicht darum, die Leute betrunken zu machen", beruhigt Mutter Rahel. „Wein war damals ein ganz normales Lebensmittel. Da man Traubensaft nicht haltbar machen konnte, wurde er zu Wein. Wein enthält viele Spurenelemente, die für den Körper des Menschen sogar nützlich sind. Nur im Übermaß getrunken, schadet er gewaltig. Wenn damals bei einer Hochzeit der Wein ausging, war dies für den Bräutigam sehr peinlich. Vielleicht unterstellte man ihm Geiz. Oder man mutmaßte, wenn er schon nicht richtig für eine Hochzeit plane, könne er sicher auch nicht gut für seine Frau sorgen.

Jesus sah die Not des Bräutigams. Dieses Fest würde in Enttäuschung enden für alle Beteiligten.

Wir sehen an diesem Wunder, daß Jesus in ganz anderen Situationen handelt, als wir es für wichtig empfänden. Krankheit zu heilen, das finden wir notwendig. Einen Toten aufzuerwecken, das fasziniert uns. Vielleicht wollte Jesus uns mit diesem Wunder einfach wissen lassen, daß wir auch mit allen anderen Sorgen zu ihm kommen dürfen. Das Weinwunder erscheint uns fast überflüssig. Jesus sieht aber die Not des einzelnen Menschen. Jeder ist ihm wichtig. Auch du mit deinen Sorgen." Mutter ist nachdenklich geworden. „Nicht nur du darfst lernen, Jesus alles zu sagen, was dich bedrückt. Auch ich will mehr daran denken, daß ich in allen Dingen mit ihm rechnen kann."

GEBET

Jesus, für dich sind nicht nur die großen Dinge wichtig. Auch um die ganz alltäglichen machst du dir Gedanken. Ich darf mit allem, was mich bedrückt, zu dir kommen. Das macht mich sehr froh. Amen. R. H.

26. APRIL

Als der große Wind kam

Sicher hast du schon einmal einen Windstrumpf gesehen. Wenn man im Auto unterwegs ist, kann man ihn bei großen Brücken finden, die über ein Tal führen. Man sieht an diesem Luftsack, ob es windig ist, und aus welcher Richtung der Wind bläst. Gerade bei größeren Lastwagen weiß der Fahrer dann, in welche Richtung er möglicherweise gegensteuern muß, wenn eine Bö daherfegt.

Der Windstrumpf gibt Auskunft, ob Wind da ist oder nicht. Den Wind selbst kann man nicht sehen. Man kann ihn fühlen, sieht auch die Bewegung, die er in den Blättern der Bäume und anderswo bewirkt, aber man kann ihn nicht festhalten und nicht aufhalten.

Das merkten auch die Menschen, die dem Herrn Jesus nachgefolgt waren. Als der Geist Gottes kam, konnten sie ihn so wenig greifen, wie man Wind greifen kann. Aber von den Auswirkungen waren viele Menschen betroffen. Die Jünger Jesu sprachen zu den verschiedensten Menschengruppen, die da versammelt waren, in ihrer jeweiligen Sprache. „Die haben doch nicht alle Tassen im Schrank", meinten einige Leute aus Galiläa, die die jeweilige Sprache nicht verstanden. Die aber, deren Sprache es war, staunten nicht schlecht, als sie plötzlich jedes Wort verstehen konnten.

„Sie rühmen die Größe Gottes und die Wunder, die er bewirkt", flüsterte ein Meder einem anderen zu. Und ein Parther stieß seinen Nachbarn an und raunte: „Das ist doch unsere Sprache!"

Die Menschen hörten aufmerksam zu. Sie waren bewegt von der Botschaft Gottes, daß Christus für sie gestorben und für sie auferstanden war. „Was müssen wir tun, um gerettet zu werden?" riefen sie aus. Und die schlichte Antwort der Jünger Jesu war: „Tut Buße, und laßt euch taufen!" Nachzulesen bei Apostelgeschichte 2.

GEBET

Jesus, da wäre ich gerne dabeigewesen, damals, als der Heilige Geist am Wirken war. Aber jetzt wünsche ich mir, daß er auch an mir wirkt. Ich möchte noch viel mehr tun, was dir gefällt. Amen. R. H.

27. APRIL

Buße

„Damals an Pfingsten haben viele Menschen begriffen, wer Jesus ist. Sie fragten die Jünger: ‚Was müssen wir tun, um gerettet zu werden?' Und sie bekamen die Antwort: ‚Tut Buße!'"

„Mama", fragt Jason, „was heißt das: ‚Buße tun'? Was muß man denn da anstellen, daß es passiert?"

„Was bringst du denn mit dem Wort Buße in Verbindung?" fragt Mutter nun zurück. „Tja, auf jeden Fall nichts Fröhliches, eher traurig sein über etwas, weinen, sich schämen, daß . . . einem etwas leid tut."

„Du hast das echt gut formuliert", bestätigt Mutter. „Man ist traurig. Das Besondere ist, daß einen niemand anderes traurig macht, sondern daß es ein Erkennen der eigenen Schuld ist. Es ist so, als könnte man sich mit den Augen Gottes betrachten. Und dabei merkt man, daß man Gott so, wie man ist, unmöglich gefallen kann. Da wächst eine Sehnsucht, seine Nähe zu fühlen. Aber man spürt, daß es gar nicht möglich ist, in seine Nähe zu kommen. Dazwischen steht die eigene Schuld wie eine dunkle Wand."

„Ich weiß, über was du sprichst, Mama", sagt Jason nachdenklich. „Manchmal nehme ich es nicht so genau, wenn du mir Aufgaben erteilst. Gelegentlich schaffe ich es, mich gut davor zu drücken. Und ich finde das alles auch gar nicht so tragisch. Aber es gibt auch Momente, da fällt mir das alles ein. Da bedrückt es mich. Es tut mir leid, daß ich so gewesen bin. Ist das auch der Heilige Geist, der dann wirkt?"

„Genauso ist es", antwortet Mutter. „Der Heilige Geist hilft uns, Unrecht zu erkennen. Aber er beläßt es nicht dabei, daß wir bedrückt herumlaufen müssen. Er führt uns dahin, daß wir bei Jesus unsere Schuld abladen dürfen. Und er gibt uns Kraft, wenn wir Unrecht getan haben, es wieder in Ordnung zu bringen. Martin Luther prägte deshalb den Ausspruch: ‚Buße ist ein fröhliches Geschäft.' Er wollte damit sagen, daß wirkliche Buße zum Schluß eine herrliche Befreiung bewirkt. Wir sind in der Gegenwart Gottes als frohe Menschen, die wissen: Alles ist mir durch Jesus vergeben worden."

GEBET
Herr Jesus, danke, daß du es möglich machst, daß auch ich Buße empfinden kann. So merke ich auch, wenn ich wieder weit weg von dir bin, und sehne mich nach deiner Nähe. Bitte gib mir deinen Heiligen Geist, daß ich noch viel schneller merke, wann ich dich betrübe. Amen.

Ist das nicht etwas schrecklich Altmodisches?
Denkt Ihr, daß es auch heute noch wichtig ist, Buße zu tun?

R. H.

28. APRIL

Der Frischhaltebeutel

„Jetzt hab' ich ganz vergessen, mein Brot in der Pause zu essen", stellt Sulamith fest. „Wir haben heute einfach viel Spaß gehabt an dem neuen Brunnen, den sie bei der Schule angelegt haben." – „Ich war zwar nicht dabei", schmunzelt Mutter, „aber mir scheint, die, die dein Wasser abgekriegt haben, hatten weniger Spaß." – „Ach, Mama, du blickst das echt richtig", lacht Sulamith. „Ich denke aber, ich kann das Brot morgen nochmals mitnehmen, wenn ich es jetzt in den Kühlschrank lege. Der

Frischhaltebeutel ist einfach eine gute Erfindung. Weißt du, wer den erfunden hat, Mama?"

„Nein, weiß ich nicht. Aber die meisten Dinge haben die Menschen der Natur abgeschaut", sagt Mutter nachdenklich. „Die Spinne hatte zum Beispiel schon lange vor dem Menschen einen Frischhaltebeutel."

Sulamith runzelt die Stirn: „Wie meinst du das, Mama?"

„Nun, Spinnen leben von der Beute, die in ihr Netz geht. Dabei ist die Ausbeute manchmal reichlich, manchmal weniger gut. Die gefangenen Tiere müssen irgendwie haltbar gemacht werden für weniger gute Zeiten. Deshalb wickelt die Spinne, was sie nicht zum Verzehr braucht, sorgsam in ihre Art Frischhaltebeutel. Dies ist eine dichtgewebte Seidenhülle ihrer Spinnfäden, die das Opfer saftig frisch erhält, bis es gebraucht wird.

Die Spinnfäden, die sie produziert, haben übrigens unterschiedliche Eigenschaften. Der Faden, der die Beute einbringen soll, hat einen Klebstoffzusatz, an dem die Tiere hängenbleiben und von der Spinne dann nur noch abgeholt werden müssen."

„Ein Glück, daß ich nicht hungrig war, Mama, sonst wäre mir jetzt der ganze Appetit vergangen. Außerdem bin ich froh, daß du in meine Frischhaltebeutel andere Dinge verpackst", sagt Sulamith erleichtert.

GEBET

Vater im Himmel, ich staune, wie du jedem Tier das mitgegeben hast, was es braucht, um zu überleben. Und uns Menschen hast du fähig gemacht, nachzudenken. Sogar von den Tieren dürfen wir dabei lernen. Danke, daß auch ich immer mehr dazulernen darf. Amen. R. H.

29. APRIL

Der Affe mit dem Menschengesicht

Als ich aus der Schule gekommen bin, habe ich ein seltsames Plakat gesehen. Ein riesengroßer gebeugter Affe war darauf abgebildet, und gleich daneben derselbe Affe – bloß aufrechtstehend mit einem Menschengesicht. Aber das Seltsame kommt erst jetzt: neben dem Affen mit dem Menschengesicht war ein richtiger Mensch abgebildet! Das sah so aus, als wäre aus dem Affen am Schluß ein Mensch geworden.

Zu Hause habe ich Papa gefragt, was das Plakat bedeuten soll.

Er hat mir erklärt, daß viele Erwachsene glauben, daß im Laufe von ganz vielen, vielen Jahren tatsächlich wir Menschen aus den Affen entstanden sind. Daß sich sozusagen die Affen zum Menschen entwickelt haben.

Ich habe gesagt, das ist doch Quatsch, denn aus einem Pferd ist ja auch nicht eine Katze geworden, und aus einer Biene ist nicht auf einmal ein Schmetterling entstanden!

Papa hat gesagt, daß die Menschen das mit dem Affen deswegen glauben, weil die Affen von allen Tieren den Menschen am ähnlichsten sind.

Trotzdem: ich glaube das, was in der Bibel steht: „Und Gott schuf den Menschen nach seinem Bild."

GEBET

Lieber Vater im Himmel, kein einziges Tier weiß etwas von dir, sie wissen nicht einmal, daß es dich gibt – bloß wir Menschen. Wie sollte es dann wohl möglich sein, daß wir selber ganz früher zuerst Affen gewesen sind? Nein, ich glaube daran, daß wir von dir gleich als Menschen gemacht worden sind und daß du dir dabei ganz bestimmt etwas gedacht hast! Amen.

A. B.

30. APRIL

Das Mädchen mit dem Pferdeschwanz

„. . . und vergib uns unsere Schuld, wie auch wir vergeben unseren Schuldigern. Und führe uns nicht in Versuchung, sondern erlöse uns von dem Bösen; denn dein ist das Reich und die Kraft und die Herrlichkeit in Ewigkeit. Amen – Mutti, erzählst du mir jetzt noch etwas? Bitte, bitte!" Schon hängt Angela in ihrem langen Nachthemd an Mamas Hals und bettelt: „Ich möchte so gern noch eine spannende Geschichte hören!" Doch die Mutter wirft einen Blick auf ihre Armbanduhr und schüttelt den Kopf. „Nein, mein Kind, ich denke, du solltest jetzt lieber ganz rasch schlafen. Für eine Geschichte ist es wirklich schon ein bißchen zu spät."

Aber Angela gibt nicht auf. Eilig drückt sie der Mutter einen herzhaften Kuß auf die Wange und schmeichelt: „Ach bitte, bitte! Es ist doch bloß ein bißchen zu spät und nicht ganz doll spät."

Gespannt wartet Angela auf Mutters Antwort. Ob sie wohl nachgibt?

„Na gut", seufzt die Mutter endlich. „Du sollst deine Geschichte haben. Leg dich aber erst ins Bett – so – und jetzt paß auf . . ." Und während sie die Bettdecke kuschelig warm um Angela feststopft, beginnt sie zu erzählen:

„Es war ein einmal ein kleines Mädchen, das hatte lange blonde, wunderschöne Haare . . ."

„So wie ich?" fragt Angela dazwischen.

„So wie du. – Das kleine Mädchen war ein liebes Kind und ging jeden Tag gern zur Schule. Aber eines Tages hat es sich auf dem Schulhof fürchterlich geärgert. Ein Junge aus ihrer Klasse hatte nämlich an ihrem Pferdeschwanz gezogen und . . ."

„Aber das bin ja ich!" unterbricht Angela die Mutter. „Das ist langweilig – ich will eine andere Geschichte hören!"

„Warte nur“, beruhigt die Mutter ihr ungeduldiges Töchterchen. „Es wird schon noch spannend. – Also: Das kleine Mädchen ließ es sich nicht gefallen, daß der Junge an ihren Haaren zog. Es griff ebenfalls zu, und schon hatte sie den Jungen an seinen dunklen Locken gepackt. Kräftig zerrte sie daran und freute sich, als der Junge vor Schmerzen aufschrie. Die beiden Kinder vertrugen sich an diesem Morgen nicht mehr, und als die Schule zu Ende war, gingen der Junge und das Mädchen zerstritten ihrer Wege.

Das Mädchen aß zu Mittag, machte Schularbeiten und spielte danach ein bißchen mit dem Baby von nebenan. Allen, mit denen sie sprach, erzählte sie von dem frechen Jungen, der an ihren Haaren gezogen hatte, und daß das Ziehen soooo weh getan hätte. Leider dachte sie aber kein einziges Mal daran, daß sie dem Jungen auch weh getan hatte . . .“

„Aber der hat doch zuerst gezogen!“ rief Angela aufgebracht und richtete sich in ihrem Bett wieder auf. „Der war ganz doof!“

„. . . und am Abend“, fuhr die Mutter ungerührt fort, „. . . am Abend lag das kleine Mädchen im Bett und betete wie immer vor dem Schlafengehen: ‚. . . und vergib uns unsere Schuld, wie auch wir vergeben unseren Schuldigern!‘“

Angela zupft an ihrem Oberbett herum und sieht die Mutter nicht an, als diese ihr einen Gute-Nacht-Kuß gibt . . .

GEBET

Lieber Gott, ich hab' mir das überlegt mit dem Vergeben. Ich hab' mir gedacht, daß ich dem Daniel jetzt ganz echt vergeben will. Du kannst ja in mein Herz hineingucken, dann siehst du, daß es stimmt. Bestimmt war es auch nicht richtig, daß ich vor lauter Wut an seinen Haaren genauso gezogen habe wie er an meinen. Nachher waren wir bloß beide wütend aufeinander, und das ist blöd. Sei mir bitte nicht mehr böse, ja? Amen. A. B.

1. MAI

In die Tiefe des Meeres werfen . . .

„Papa, wie tief ist das Meer?" will Jason wissen.

„An den tiefsten Stellen hat man über 10 000 Meter gemessen. Natürlich ist es an vielen Stellen auch weniger tief", informiert Vater.

„Da kann einem ja ganz schwindelig werden", schüttelt sich Jason. „Übrigens steht der größte Teil der Erde unter Wasser. 71 Prozent wird von einer zusammenhängenden Wasserfläche bedeckt." – „Das ist ja weit mehr als die Hälfte", äußert sich Jason erstaunt. „Dazu kommen noch die Mittelmeere, Randmeere, Seen", ergänzt Vater. Jason denkt nach: „Da hat Gott aber eine Menge Platz für die Sünden geschaffen." Vater versteht nicht. „Wie meinst du das?" fragt er. „Heute morgen las ich den Bibelvers aus Micha 7, 19. Da steht, daß Gott unsere Sünden in die Tiefe des Meeres werfen wird", antwortet Jason.

„Ach so, du meinst, daß Gott die Meere für unsere Sünde braucht, um sie zu versenken." Vater versteht jetzt, was Jason meint. „Schau, Gott macht den Menschen manches durch Bilder klar. Er gibt ihnen Vergleiche, damit sie verstehen können, was er meint. So wie das Meer unvorstellbar tief ist, so grenzenlos vergibt Gott. Es ist nicht möglich, aus den tiefsten Tiefen des Meeres wieder etwas heraufzuholen. Ebenso unmöglich ist es, daß uns Gott die Schuld, die er uns vergeben hat, wieder aufrechnet. Corrie ten Boom war eine Holländerin, die oft Bilder verwendete, um etwas zu veranschaulichen. Sie prägte den Ausspruch: ‚Gott versenkt unsere Sünde ins Meer, wo es am tiefsten ist. Und dann vermerkt er an dieser Stelle: Fischen veboten.'

Jason nickt: „Jetzt habe ich verstanden, wie Gott mit Schuld umgeht. Von mir liegt dort unten auch eine Menge. Und Jesus hat mir total vergeben."

GEBET

Wie danke ich dir, Herr Jesus, daß alle meine Schuld vergeben ist. Selbst der Teufel hat keine Berechtigung, sie wieder geltend zu machen. Du hast sie ausgelöscht. Sie ist unauffindbar wie etwas, das in die Tiefe des Ozeans versenkt wurde. Dein Blut, Herr Jesus, hat mich rein gemacht. Ich danke dir von ganzem Herzen dafür. Amen. R. H.

2. MAI

Warum ist der Himmel blau?

„Mama, warum ist der Himmel blau?" Jason steht fragend vor Mutter.

„Da hab' ich auch schon darüber nachgedacht. Das ist nämlich wirklich interessant", entgegnet Mutter. „Das Licht der Sonne sieht zunächst intensiv weiß aus. Das weißt du auch, wenn du zur Sonne blickst. Aber in Wirklichkeit ist es eine Mischung aus allen Regenbogenfarben. Die Farben entstehen durch Gasmoleküle in der Luft. Jede Farbe hat ihre eigene Wellenlänge. Violett und blau haben die kleinste, rot und gelb die größte. Die langen Wellen erreichen unser Auge fast in einer direkten Linie. Die blauen, kürzeren Wellen gelangen aber von allen Teilen des Himmels zum Auge. Während sie sich durch die Atmosphäre bewegen, werden sie häufig abgelenkt. Auf diese Weise erscheint der Himmel blau."

„Ich bin froh, daß der Himmel blau ist", denkt Jason laut. „Die Farbe Blau ist so richtig erholsam für die Augen."

„Ja, man hat sogar nachweisen können, daß die Farben Blau und Grün beruhigend auf den ganzen Menschen wirken", fügt Mutter hinzu. „Wie weise hat Gott alles zu unserem Besten geschaffen, sogar die Farbe des Himmels."

GEBET

Je mehr ich über die Dinge dieser Erde nachdenke, Gott, um so mehr sehe ich, daß du es gut mit uns Menschen meinst. Danke dafür, daß du den Himmel so schön gemacht hast, damit sich unsere Augen ausruhen können. Danke dafür, daß es bei dir im Himmel noch viel schöner sein wird. Amen. R. H.

3. MAI

Warum ist der Himmel manchmal so farbenprächtig?

„Mama, aber warum sieht der Himmel dann manchmal rot und gelb aus?" will Jason wissen.

„Nun, diese bunten Farben zeigt er nur am Morgen oder am Abend. Die Strahlen, die die auf- oder untergehende Sonne schickt, legen durch die Atmosphäre eine viel weitere Entfernung zurück, als wenn sie hoch über uns am Himmel steht. Wasserdampf und Staub streuen die Lichtstrahlen so stark, daß nur die längeren von ihnen unser Auge erreichen. Morgens und abends fallen die Lichtstrahlen aus einem viel niedrigeren Winkel ein. Dabei färben sie häufig die Unterseiten der Wolken in herrlichen Farben wie Orange, Rot, Violett."

„Das ist doch wie eine Begrüßung des Tages am Morgen und ein Abschiednehmen am Abend", lacht Jason. „Wenn der Himmel immer gleichmäßig wäre, würde man sich vielleicht gar nicht mehr so daran freuen. Irgendwie ist das auch bei uns so. Wenn du manchmal verreist, dann merke ich erst, wie schön es ist, daß du sonst immer da bist. Und wenn du wiederkommst, dann empfinde ich das auch viel stärker, als wenn du immer da bist. Es ist fast so, daß das Abschiednehmen mir neu zeigt, wie wichtig du für mich bist."

„Gott hat in vielen Dingen in der Natur uns Vergleiche für unser Leben gegeben. Wenn wir mehr darauf achten, gibt es auch viel mehr Anlässe, um dankbar für etwas zu sein", fügt Mutter hinzu.

„Dann laß uns Gott doch gleich mal dafür danken", sagt Jason fröhlich.

GEBET

Du hast alles wunderbar gemacht, Herr. Ich danke dir für den Himmel, der mich mit seinen vielen Farben erfreut. Ich danke dir für meine Eltern, die für mich da sind. Und ich danke dir von Herzen, daß du mir Augen gabst, daß ich das alles sehen kann. Amen.

R. H.

4. MAI

Die Venusfliegenfalle

„Papa hat bald Geburtstag“, sagt Damaris. Und geheimnisvoll fügt sie hinzu: „Ich habe etwas ganz Tolles für ihn.“ – „Darf ich es wissen?“ bettelt Salome. „Du darfst es aber keinem verraten“, ermahnt sie die große Schwester. Sie geht nah an ihr Ohr: „Es ist eine Todesfalle“, flüstert sie. Salome schüttelt sich: „Ih, wie ekelig, wie kannst du nur so etwas schenken!“ Aber Damaris lacht: „Es ist nur eine Pflanze. Sie heißt Venusfliegenfalle.“

Endlich ist Papas Geburtstag da. Salome schaut die eher unscheinbar wirkende Pflanze an. „Die sieht aber gar nicht gefährlich aus“, meint sie.

„Für dich ist sie das auch nicht“, meint Papa schmunzelnd, „aber für eine Fliege ist sie absolut tödlich. Jedes Blatt trägt in sich eine Art Scharnier, vergleichbar einer geöffneten Muschel. Ein Insekt oder anderes Kleintier setzt sich nichtsahnend dort nieder. Dabei berührt es Fühlhaare, die auf dem Blatt sitzen. Die beiden Blatthälften klappen blitzschnell zu. Das Tier ist in der Falle. Es gibt kein Entkommen mehr, denn die Ränder des Blattes bestehen aus steifen Borsten, die eine Flucht unmöglich machen."

„Da bin ich froh, daß ich keine Fliege bin", stöhnt Salome erleichtert.

GEBET

Vieles ist so geheimnisvoll, was du geschaffen hast, Gott. Manches empfinde ich auch als grausam. Wenn z. B. eine Fliege stirbt, nur weil sie sich auf solch einer Pflanze niedergelassen hat. Aber ich sehe solche Gefahren auch in meinem Leben. Als Gabi, ein Mädchen aus meiner Klasse, bei einem Autounfall ums Leben kam, war ich sehr erschüttert. Bitte paß auf mich auf, Gott, und auf alle, die ich liebhabe. Amen. R. H.

5. MAI

Warum glaubt Papa dem Florian nicht?

Florian ist sehr wütend und ein bißchen traurig. Er hat seine Zimmertür zugemacht, und damit niemand hereinkommt, hat er sogar einen Stuhl davorgerückt. Er will ganz allein sein. Mama soll nicht kommen und Papa auch nicht. Er will sie nicht sehen. Sie glauben ihm ja sowieso nicht, wenn er etwas sagt.

Dabei hat er nicht gelogen, als Papa ihn gefragt hat, ob er die große Papierschere von seinem Schreibtisch genommen hat. „Nein", hat Florian geantwortet, „ich habe sie nicht weggenommen . . ."

Aber Papa hat ihm nicht geglaubt und geschimpft: „Immer muß ich meine Sachen suchen – immer bringt der Junge alles durcheinander!"

Das ist gemein. Florian weiß genau, daß die Papierschere

unten im Keller liegt. Papa hat sie dort unten mal gebraucht, als er eine Rolle Packpapier zu großen Bogen geschnitten hat. Florian hat dabei zugesehen.

Vorhin hat er es Papa sagen wollen, aber der hat gleich losgeschimpft und ihm gar nicht zugehört.

Jetzt will er es ihm nicht mehr sagen.

GEBET

Herr Jesus, ich bin so wütend auf Papa, daß ich ihm jetzt nicht sagen will, wo die olle Papierschere ist. Aber vielleicht braucht er sie ganz dringend. Bitte mach, daß er sie findet. Vielleicht sagt er mir ja dann, daß ich doch nicht gelogen habe. Amen. A. B.

6. MAI

Geh hin zur Ameise, du Fauler (nachzulesen in Sprüche 6, 6)

Vielleicht magst du diese Geschichte gar nicht lesen. Du denkst vielleicht: „Schlimm genug, wenn Mama manchmal sagt, daß ich faul bin. Eigentlich will ich auch gar nicht faul sein, aber es ist ganz schön schwer, etwas zu tun, wozu man keine Lust hat."

Denk dir, es gab schon früher solche Leute. Dieser Vers ist nämlich nicht über dich geschrieben. Er wurde vor gut 3000 Jahren geschrieben, lange bevor Jesus geboren wurde. Der König Salomo hat viele solche Sprüche verfaßt. Vielleicht merkte er auch schon, daß es viel einfacher ist, seine eigenen Wege zu gehen, als Pflichten zu erfüllen, die nach Arbeit riechen.

„Gehe hin zur Ameise, du Fauler, und lerne von ihr. Obwohl sie keinen Hauptmann, Fürsten oder Herrscher hat, arbeitet sie doch, was nötig ist." So drückt sich der König Salomo aus.

Und er führt weiter aus, was geschieht, wenn man seine Aufgaben nicht erfüllt: Nichts als Schwierigkeiten.

Als ich noch in eurem Alter war, drückte ich mich regelmäßig vor dem Geschirrabtrocknen. Meist schloß ich mich ins Bad ein. Glücklich war ich nicht dabei. Außerdem wußte ich, hinterher war es immer blöd, wenn ich eine Ausrede erfinden mußte. Irgendwann merkte ich: Je schneller ich eine leidige Aufgabe hinter mich brachte, um so weniger bekam ich Probleme.

Denkt doch einmal über die folgenden Fragen nach: Was sind die Arbeiten, vor denen ihr euch zu drücken versucht?

Wie wäre es, wenn Ihr das nächste Mal Euch der Aufgabe stelltet?

Denkt hinterher bewußt darüber nach, welche Gefühle ihr jetzt habt im Gegensatz zu der Vorstellung, die Aufgabe läge noch vor euch.

GEBET

Eine Arbeit zu erledigen macht oft keinen Spaß. Jesus, ich weiß, daß du mich verstehst, wenn ich das sage. Es fällt mir viel leichter, mich davor zu drücken. Aber meist ärgert sich dann jemand über mich. Und ich selbst werd' auch nicht froh dabei. Bitte hilf mir, Jesus, daß ich ein bißchen mehr vom Fleiß der Ameise lerne. Amen. R. H.

7. MAI

Benedikts Luftballon

Heute hat der Kindergottesdienst besonders viel Spaß gemacht. Frau Beckmann hat nämlich Luftballons verteilt. Knallrot sind sie gewesen, und es hat in weißer Farbe „Jesus ist Sieger" daraufgestanden. Alle Kinder durften einen Luftballon nach Hause mitnehmen. Bloß Benedikt hat Pech gehabt. Er hat seinen aus Versehen draußen losgelassen.

Ganz hoch hinauf in den Himmel ist der Luftballon gestiegen.

Benedikt hat ihm nachgeschaut und geweint.

Eine Frau wollte ihn trösten und sagte zu ihm: „Du kannst dich freuen, dein Ballon fliegt jetzt zum lieben Gott."

Da hat Benedikt aufgehört zu weinen und ganz laut die Nase hochgezogen. „Nee", hat er zu der Frau gesagt, „der liebe Gott wohnt gar nicht so weit weg. Der wohnt hier drinnen!" Und er hat mit seinem Zeigefinger auf seine Brust getippt.

Da hat die Frau gelacht und ist weitergegangen. Dabei hat Benedikt doch recht!

GEBET

Lieber Vater, im Kindergottesdienst haben wir gehört, daß du in unseren Herzen wohnst, und daß wir gar nicht laut rufen müssen, wenn wir mit dir reden wollen. Das finde ich schön! Amen.

A. B.

Der Geburtstagsstern

Immer, wenn ein Kind aus meiner Klasse Geburtstag hat, wird in der Schule ein bißchen gefeiert. Das Geburtstagskind setzt sich auf einen Stuhl und sucht sich fünf Klassenkameraden aus. Die fassen sich dann an den Händen und bilden mit ausgebreiteten Armen einen Stern über ihm. Dabei singen sie ein Lied, das sich das Geburtstagskind vorher gewünscht hat.

Natürlich möchten alle gern bei dem Stern mitmachen, weil das so schön feierlich ist, aber es geht halt nur mit fünf Kindern, weil ein Stern fünf Zacken hat.

Derjenige, der Geburtstag hat, sucht sich natürlich dazu immer seine besten Freunde und Freundinnen unter den Kameraden aus. Ich habe das heute an meinem Geburtstag auch so gemacht. Heide habe ich gewählt und Björn und Jan und Wiebke und Melanie.

Aber als sie dann das Lied für mich sangen, habe ich gesehen, daß Krischan und Meike traurig waren. Da ist mir eingefallen, daß die beiden noch niemals bei einem Stern mitmachen durften.

GEBET

Lieber Herr Jesus, danke für den Stern in der Schule und für meine Geburtstagsfeier heute nachmittag. Es war sooo schön! Am liebsten hätte ich jeden Tag Geburtstag.

Aber im nächsten Jahr werde ich den Krischan und die Meike für den Stern auswählen, das weiß ich jetzt schon ganz sicher. Und dann noch die Kristina und die Verena und den Boris . . . Amen.

A. B.

9. MAI

Der Überraschungspudding

Seit ich acht Jahre alt geworden bin, darf ich manchmal ganz allein zu Hause bleiben, wenn Mama eine Besorgung in der Stadt zu machen hat. Sie beeilt sich dann immer, damit sie ganz schnell wieder bei mir ist.

Ich finde es spannend, wenn ich ganz allein zu Hause bin.

Meistens male ich dann ein schönes Bild und schenke es Mama, wenn sie zurückkommt. Sie freut sich immer sehr darüber.

Als sie heute nachmittag eben mal Brot holen mußte, bin ich auch wieder zu Hause geblieben. Aber da habe ich etwas ganz anderes gemacht als sonst. Ich habe nämlich ganz alleine einen Pudding gekocht und wollte Mama damit überraschen!

Ein bißchen gekleckert habe ich dabei, und der Pudding ist unten im Topf etwas angebrannt, aber das hat man gar nicht geschmeckt.

Ich hab' gedacht, Mama würde sich riesig freuen über die Überraschung. Aber als sie nach Hause gekommen ist, hat sie ganz laut mit mir geschimpft und gesagt, ich soll das bloß nicht noch einmal machen. Dabei ist doch gar nichts Schlimmes passiert.

GEBET

Herr Jesus, es ist gar nicht so leicht, Mama eine Freude zu machen. Ich will ihr doch nicht immer bloß Bilder malen. Na ja, nachher haben wir den Pudding zusammen gegessen, und Mama hat mir erklärt, warum sie erst so wütend gewesen ist auf mich. Und daß es gefährlich ist, den Herd in der Küche anzumachen, wenn kein Erwachsener dabei ist. Und dann hat sie noch gesagt, daß sie eigentlich nur deswegen so geschimpft hat, weil sie sich um mich Sorgen gemacht hat. Da muß sie mich doch sehr liebhaben, nicht? – Danke, Herr Jesus, daß ich Mama habe! Amen. A. B.

10. MAI

Warum gähnen Flußpferde?

Die Kinder haben einen Film über Afrika gesehen. „Warum reißen denn die Flußpferde immer so entsetzlich ihr Maul auf beim Gähnen?" will Salome wissen.

„Nun, es wird ihnen langweilig sein, immer so im Wasser zu liegen. Dort ist halt nichts los!" äußert sich Jason.

„Ich wußte ja gar nicht, daß du ein Flußpferd bist", frotzelt Sulamith.

„Wieso ich?“ will Jason wissen.

„Nun, weil du am liebsten auch stundenlang in der Badewanne liegst und das Bad blockierst!“

Jason schnaubt. „Still“, sagt Vater, der gerade dazugekommen ist. „Flußpferde sind ja schließlich keine Menschen. Das Aufreißen ihres Maules spiegelt nicht ihre Langeweile wieder. Es ist eine Drohgebärde, um anderen Tieren zu signalisieren: ‚Kommt mir ja nicht zu nah, sonst passiert euch was!‘ Also genau das Gegenteil von Gähnen, nämlich Anspannung. Die Flußpferde verbringen übrigens etwa die Hälfte ihres Lebens im Wasser, wobei man meist nur die Ohren und einen Teil des Kopfes von ihnen sieht. Nachts gehen sie an Land, um Pflanzen zu fressen. Sie können über 3000 kg schwer werden.“ – „Papa, das ist ja mehr Gewicht als dreimal unser VW-Bus“, sagt Jason entsetzt. „So ist es“, bestätigt Vater. „Trotz ihrer kurzen Beine und ihres Gewichtes sind sie ausgezeichnete Schwimmer.“

„Sag nie Flußpferd zu mir!“ droht Jason Sulamith.

Aber die lacht nur. „Was ist so schlimm daran?“ meint sie. „Das scheinen doch ganz verträgliche Tiere zu sein. Denn wenn sie drohen, warnen sie nur. Und im übrigen sind sie ja Pflanzenfresser.“ – „Darüber kannst du nur froh sein!“ sagt Jason zu ihr.

GEBET

Es ist nicht ganz leicht, sich zu vertragen, Herr, wenn man merkt, daß der andere sich stärker fühlt. Ich will lernen, daß es auch eine innere Stärke gibt. Es ist die Kraft, nicht Gleiches mit Gleichem zu vergelten. Amen. R. H.

11. MAI

Seidenspinner

Mutter kommt aus der Stadt zurück. „Miriam", ruft sie, „ich habe dir eine Überraschung mitgebracht." Miriam kommt die Treppe herunter. „Schau", sagt Mutter und nimmt aus der Einkaufstüte eine Bluse heraus.

„Ist die aber zart und weich!" begeistert sich Miriam.

„Sie ist aus Seide", erklärt Mutter.

„Was ist das eigentlich, Seide?" will Rahel wissen. Sie ist inzwischen auch in die Küche gekommen.

„Viele Raupen liefern dazu sehr feine Fäden, die sie spinnen. Sie lassen sich an den Fäden herunterbaumeln oder stellen Kokons davon her. Die Seidenspinnerraupe ist dabei der größte Künstler. Ein Viertel ihres Gesamtgewichts besteht aus Spinndrüsen. Aus einer Mündung an ihrer Unterlippe tritt der Faden heraus. Wenn dieser mit Luft in Berührung kommt, wird er fest. Aus diesem hauchdünnen Faden, der drei bis vier Kilometer lang sein kann, spinnt die Raupe den Kokon. In ihm findet ihre spätere Verpuppung zum Schmetterling statt. Diesen kunstvollen Kokon nimmt dann der Mensch, um den Seidenstoff daraus herzustellen. Seidenstoff hat die tolle Fähigkeit, in der Hitze eher kühl zu wirken und bei Kälte zu wärmen", erzählt Mutter. „Das find' ich aber gemein", ereifert sich Rahel. „Kaum meint die Raupe, sie sei fertig, nehmen die Menschen ihr die Möglichkeit der Verpuppung weg. Ich will nie was aus Seide!"

„Ich finde die Bluse super", sagt Miriam und umarmt Mutter. „Danke!"

GEBET

Es ist einfach wunderbar, Jesus, wie in der Natur so viele Dinge entstehen, die uns Menschen nützen können. Ich freue mich an dem Seidenstoff, der sich so herrlich weich anfühlt auf der Haut. Danke, daß ich so schöne Kleider haben darf. Amen.

R. H.

12. MAI

Ein wunderschöner Regenbogen

Endlich hört das heftige Prasseln des Regens auf, nur ein feines Sprühen winziger Tröpfchen liegt noch in der Luft, und über allem hängt ein durchsichtiger Dunstschleier. Die Sonne lugt schon wieder vorsichtig zwischen dicken grauen Regenwolken hervor, und Katrin entdeckt sogar ein winziges Eckchen blauen Himmels.

„Guck mal, Mutti", sagt sie fröhlich. „Alle Bäume tropfen – genauso wie ich, wenn ich unter der Dusche gestanden habe!"

„Stimmt, Katrin", lacht die Mutter und klappt ihren Regenschirm zusammen. „Aber abtrocknen müssen sie sich nicht, so wie du, wenn du geduscht hast. Es genügen ein bißchen Wind und Sonne und – husch – sind sie wieder trocken."

„Die haben es gut!"

Auf einmal stößt Katrin die Mutter an. „Ein Regenbogen – ein bunter Regenbogen! Siehst du ihn, Mutti? Da oben – er sieht aus wie eine riesige Brücke, nicht wahr?"

Die Mutter nickt. Der zartschimmernde Regenbogen ist wirklich wunderschön!

Nachdenklich greift sie nach Katrins Hand. „Du hast recht – er sieht aus wie eine Brücke. Und eigentlich ist er sogar eine."

Verdutzt sieht Katrin die Mutter an. „Aber das geht doch gar nicht! Du hast mir doch mal erklärt, daß er durch Lichtbrechung entsteht. Immer, wenn es regnet und gleichzeitig die Sonne scheint, hast du gesagt, gibt es einen Regenbogen. Aber auf Licht kann man doch nicht wirklich laufen!"

„Das stimmt natürlich. Aber der Regenbogen soll die Verbundenheit zeigen zwischen uns Menschen und Gott, denn er ist das Zeichen für ein Versprechen Gottes an die Menschen. Ganz früher . . .", erzählt die Mutter, „. . . als Oma und Opa und du und ich noch nicht auf der Welt waren, hat Gott eine große Sintflut über die ungehorsamen Menschen geschickt, in der alles Land mit seinen Bewohnern vernichtet werden sollte. Doch Noah, ein gottesfürchtiger Mann, bekam den Auftrag, ein großes Schiff zu bauen. Darin konnte er sich, seine Familie und viele Tiere retten. Erinnerst du dich an diese Geschichte aus deiner Kinderbibel?"

Jetzt weiß Katrin, was die Mutter meint. „Na klar! Und als alles vorbei war und der große Regen aufgehört hatte, hat Gott einen Regenbogen gemacht und zu Noah gesagt: ‚Ich will nie mehr wieder eine solche Sintflut über die Erde schicken, in der alle Menschen und Tiere sterben müssen. Immer, wenn ein Regenbogen am Himmel erscheint, sollt ihr daran erinnert werden, daß ich Euch dieses Versprechen gegeben habe.'"

GEBET

Herr, das mit dem Regenbogen ist eine großartige Sache. Vor allem deswegen, weil ich und viele andere Menschen immer noch oft Dinge tun, die nicht gut sind. So wie die Menschen früher, die in der Sintflut ertrunken sind. Trotzdem schickst du uns immer wieder einen Regenbogen. Du mußt uns schon sehr liebhaben, nicht wahr? Amen. A. B.

13. MAI

Die Verbindung stimmt!

Endlich bekommen wir eine Sprechanlage und einen Türdrükker! Papa hat schon ganz oft die Leute von der Stadtverwaltung darum gebeten, weil wir immer bei jedem Klingeln alle Treppen hinunterlaufen müssen, wenn wir unten die Haustür öffnen wollen. Das ist furchtbar lästig, sagt Mama, besonders wenn sie zum Beispiel gerade einen Kuchen bäckt und die Hände voller Teig hat. Wenn wir eine Sprechanlage hätten, dann müßte sie nicht immer erst ein Fenster öffnen, um zu sehen, wer draußen steht.

Jetzt endlich hat es geklappt, und morgen schon sollen die Elektriker kommen und die Sprechanlage anbringen.

Papa hat vorhin schon überlegt, wo sie am besten angebracht werden sollte. Ich hab' gesagt, an der Wand neben dem Küchentisch ist es richtig. Da müßte man nicht einmal aufstehen, wenn es klingelt, während man gerade ißt. Aber Papa hat gemeint, in der Diele neben der Wohnungstür wäre es besser. Er hat einen Bleistiftstrich auf die Tapete gemalt und mich hinauflangen lassen mit dem Arm, um zu sehen, ob ich wohl drankomme.

„Die Sprechanlage muß für jeden von uns erreichbar sein. Für uns Großen und für euch Kinder."

Ich freue mich schon auf morgen und werde bestimmt die ganze Zeit zuschauen, wenn die Elektriker hier sind.

GEBET

Herr Jesus, ich glaube, so ist es auch mit dir, nicht wahr? Du bist doch auch für jeden erreichbar – für die Erwachsenen und für uns Kinder. Wir müssen gar nicht groß und stark sein, so wie Papa, wenn wir mit dir sprechen wollen. Wir können auch klein und knubbelig sein, so wie Oma. Und klein und ziemlich dünn, so wie ich. Das finde ich gut. Amen. A. B.

14. MAI

Faultier

Rahel ist mit dem Abtrocknen an der Reihe. Aber das macht ihr gar keinen Spaß. Sie schließt sich in die Toilette ein. „Faultier!" ruft Jason, „Faultier!" – „Na, das ist aber nun wahrhaftig kein Kosenamen", lacht Mutter. „Was weißt du denn über Faultiere?" – „Nun, nicht so sehr viel", überlegt Jason, „auf jeden Fall, daß sie sich vor der Arbeit drücken."

Mutter steht inzwischen vor der Badezimmertür. Sie spricht so laut, daß auch Rahel sie hinter der Tür hören kann: „Faultiere gibt es wirklich. Sie wohnen in den tropischen Wäldern von Mittel- und Südamerika. Den größten Teil ihres Lebens verbringen sie in den Wipfeln der Bäume. Dort hängen sie mit dem Kopf nach unten und lassen sich die Nahrung buchstäblich in das Maul wachsen. Sie ernähren sich von Blättern und Früchten.

Mit langen, sichelförmigen Krallen halten sie sich am Baum fest. Wenn es ihnen wirklich einmal einfällt, sich von der Stelle zu bewegen, gehen sie nur im Schneckentempo."

Mutter kommt nicht viel weiter. Man hört, wie Rahel sich die Hände wäscht. Die Tür öffnet sich. „So etwas Langweiliges. Da ist ja nichts los bei denen. Dann lieber Geschirr abtrocknen", äußert sich Rahel und eilt in die Küche.

GEBET

Herr Jesus, es fällt mir manchmal so schwer, Dinge zu tun, die gar keinen Spaß machen. Dann möchte ich mich viel lieber drücken. Lesen und Spielen bereiten mehr Freude. Aber lieber meine Aufgaben erledigen und hinterher wieder spielen dürfen, als solch ein langweiliges Leben wie ein Faultier zu verbringen. Bitte hilf mir zu widerstehen, wenn ich mich drücken will. Amen. R. H.

15. MAI

Blumenzwiebeln

Wir haben im Vorgarten Blumenzwiebeln gesteckt. Es gab verschiedene Tüten. Sie zeigten Gladiolen mit unterschiedlichen Farben. Die Zwiebeln darin sahen aber alle ähnlich aus. Ihr Äußeres zeigte eine braune, unansehnliche Schale.

„Mutti, bist du dir ganz sicher, daß aus diesen häßlichen Dingern wirklich Gladiolen wachsen?" – „Ganz sicher", antwortet Mutter dem Jason.

„Aber du steckst sie in die Erde. Wie können sie denn wissen, daß sie in die richtige Richtung wachsen, sie sehen ja nichts", meint er ganz erstaunt. „Und woher nehmen sie denn die bunten Farben, werden sie wirklich gelb und rot und lila?"

„Das ist ein Geheimnis. Im Keimgut der Gladiolenzwiebel sind alle Anlagen, die sie später zu einer Gladiole werden lassen“, erklärt die Mutter. „Und auch die Farbe ist dabei festgelegt. „Komisch“, überlegt Jason, „daß dann nicht viel mehr Leute über eine Zwiebel staunen.“

GEBET

Jesus, es ist einfach toll, daß aus solch einer braunen Zwiebel später eine Gladiole wird. Am liebsten würde ich jeden Tag ein bißchen graben und nachschauen, ob sich schon etwas tut. Aber Mama meint, eine Blume will nicht dabei gestört werden, wenn sie sich entwickelt. Man muß sie in Ruhe lassen. Du hast wirklich wunderbare Ideen gehabt, als du die Pflanzen gemacht hast. Manche riechen sogar. Ich staune, woher ihr Duft kommt. Es gibt Leute, die genau erklären können, warum das so ist. Aber nachmachen können sie es nicht. Das kannst halt nur du. Ich freue mich, daß du mir Augen gegeben hast und ich damit all die schönen Dinge sehen kann, die du gemacht hast, und eine Nase, mit der ich riechen kann, und auch einen Mund, mit dem ich essen kann. Amen. R. H.

16. MAI

Wie kommt ein Schmetterling zur Welt?

Aufgeregt kommt Rahel in die Küche gerannt: „Schau mal, Mama, was für eine interessante Raupe ich gefunden habe." –„Du trägst einen werdenden Schmetterling herum", erklärt Mutter.

„Das ist doch kein Schmetterling", lacht Rahel, „der müßte doch Flügel haben. Diese Raupe ist viel zu plump, um je fliegen zu können."

„Du überlegst richtig, mein Schatz", sagt Mutter. „Und trotzdem hast du nicht recht. Der Schmetterling ist nämlich eines der großen Geheimnisse Gottes. Man nennt den Werdegang aus der Raupe zum Schmetterling Metamorphose. Zwar weiß man inzwischen, welche Vorgänge dabei ablaufen. Aber kein Mensch der Welt könnte es nachmachen. Deine Raupe wird einmal ein Pfauenauge sein, ein bunter Schmetterling mit zwei großen dunklen Flecken auf den Flügeln. Die Wiege des Schmetterlings ist ein kleines Ei. Aus ihm schlüpft eine Raupe, die, je nachdem welch ein Schmetterling es später sein wird, nackt, behaart oder mit kleinen Stacheln besetzt ist. Die Farben sind eher unauffällig. Die Raupe frißt, wächst, häutet sich mehrere Male und verpuppt sich schließlich in einem Kokon. Aus ihm schlüpft dann mit großem Einsatz von Kraft der zusammengedrückte Schmetterling. Langsam entfaltet er seine gewaltigen Flügel, streckt und reckt sich und zeigt seine wundervollen Farben."

„Mama, das klingt fast wie ein Märchen", sagt Rahel atemlos. „Wenn du nicht so ernst dabei schauen würdest, meinte ich, du habest mir etwas vorgemacht."

„Gottes Schöpfung ist voller Geheimnisse", unterstreicht Mutter. „Wer seine Augen offenhält, wird immer etwas zum Staunen finden."

GEBET

Herr, der Schmetterling zeigt mir, daß es nichts gibt, was dir unmöglich ist. Es macht mich froh, den Schmetterling zu beobachten. Aus einer schweren Raupe wird ein Tier, so leicht wie eine Feder. Du kannst auch mich verändern. Mach aus mir einen Menschen, an dem du Freude haben kannst. Amen.

R. H.

17. MAI

Wie schützen sich Raupen?

„Ihr müßt nach draußen kommen!" ruft Rahel. Sie kommt in die Küche gestürzt: „Schmetterlinge! So viele habt ihr noch nie beieinander gesehen."

„Eben übertreibt sie mal wieder", lächelt Jason den anderen zu. „Aber schauen kann man trotzdem mal."

Aber da kommt sogar der ältere Bruder ins Staunen: „Das ist ja nicht zu fassen!" Er beginnt zu zählen. Auf dem großen, lilablühenden Schmetterlingsstrauch (Buddleja) am Haus zählt er fast 50 Schmetterlinge. „Ich wußte gar nicht, daß es noch so viele Schmetterlinge gibt. Man sollte annehmen, daß die als Raupen schon von den Vögeln verspeist werden. Im Grunde können die sich doch gar nicht wehren."

„Nun, so ganz schutzlos sind sie nicht", klärt Papa auf. „Raupen haben oft genau die Farben der Pflanzen, die ihre Lieblingsspeise sind. So fallen sie gar nicht weiter auf. Wittert die Raupe Gefahr, so läßt sie sich an einem Faden in die Tiefe fallen. Ist die Gefahr vorüber, klettert sie an ihrem ‚Sprungseil' einfach wieder zum alten Platz. Manche Raupen sind dadurch bestens geschützt, daß sie einen üblen Geruch an sich tragen oder schlecht schmecken. Die Vögel merken das und werden sich spätestens beim zweiten Mal vor solch einer Mahlzeit hüten." – „Sonst wären die Schmetterlinge sicher schon ausgestorben", setzt Rahel hinzu. „Da merkt man, wozu sogar einmal ein übler Geruch nützen kann."

GEBET

Wir alle wollen schön sein, gefallen. Wenn du, Gott, es so bei den Raupen gehalten hättest, gäbe es keine Schmetterlinge. Ich will aufhören, alles nur danach zu prüfen, ob es schön ist. Danke, Gott, daß du dir bei allem, was du geschaffen hast, etwas dabei gedacht hast. Amen. R. H.

18. MAI

Sind Schmetterlinge wehrlos?

„Wie wehren sich denn die Schmetterlinge gegen ihre Verfolger?" will Rahel wissen. „Sie sind solch zerbrechliche Gebilde. Schnell sind sie auch nicht. Sie haben kein Gift wie die Bienen und können nicht austreten wie ein Pony. Dazu leuchten sie so auffällig, daß der Jäger sein Ziel mit Sicherheit nicht verfehlt." – „Das sind gute Fragen", ermuntert der Vater Rahel. „Du denkst über vieles nach. Wer nachdenkt über die Schöpfung, kommt immer neu ins Staunen. Schmetterlinge haben oft Überlebenschancen, weil sie ihre Verfolger täuschen. Manche tragen auf ihren Flügeln große Flecken, die wie Augen aussehen. Der

Verfolger stößt darauf zu. Er verletzt dabei aber nicht das Auge des Schmetterlings, sondern nur seinen Flügel. Und damit kann ein Schmetterling überleben, falls die Zerstörung nicht zu groß ist. Andere Schmetterlinge haben Flügel, die am unteren Teil wie Schwänze wirken. Sie täuschen Fühler vor. Der Angreifer versucht, die Fühler zu verletzen, um den Schmetterling damit lahmzulegen. Der aber hat nur ein abgerissenes Flügelende zu beklagen. Die Schmetterlinge sehen nur beim Flug so farbenprächtig aus. Wenn sie sich niederlassen und ihre Flügel schließen, wirken sie wie ein welkes Blatt. Die Unterseiten der Flügel sind nämlich meist unscheinbar bräunlich gefärbt."

„Ja, siehst du, Papa, diesen da bemerkt man kaum!" Rahel deutet auf einen braunen Fleck am Strauch. „Man muß erst genau hinschauen, um ihn zu erkennen."

„So hat auch jeder von uns Stärken und Schwächen, die der andere nicht hat", fügt Vater hinzu.

GEBET

Herr Jesus, manchmal wünsche ich mir, so schnell wie der Gepard zu sein, so gewaltig wie ein Nilpferd, um andere zurückzuschrecken, so schön wie ein Schmetterling mit seinen Farben. Und auch bei anderen aus meiner Klasse schiele ich nach ihren Stärken. Dann werde ich undankbar. Öffne mir die Augen, um zu sehen, was du mir an Gaben anvertraut hast. Amen. R. H.

19. MAI

Was fressen Schmetterlinge?

„Warum kommen die vielen Schmetterlinge ausgerechnet zu uns?" will Salome wissen. „Na, was denkst du denn?" fragt Vater zurück. „Vielleicht finden sie irgend etwas auf diesem Strauch, was sie mögen", vermutet Salome, „Ganz richtig", bestärkt Vater seine kleine Tochter.

„Schmetterlinge saugen flüssige Nahrung. Sie bevorzugen dabei Blütennektar. Wahrscheinlich ist dieser Strauch hier ein besonderer Leckerbissen. Der gute Duft lockt sie von weit her. Schmetterlinge saugen aber auch den Saft aus Bäumen und von überreifen Früchten. Mit einem langen Saugrüssel nehmen sie den Saft auf. Wenn sie fliegen, tragen sie den Rüssel eingerollt unter ihrem Kopf. Schmetterlinge bestäuben, wie auch die Bienen, bei ihrem Wandern von Blüte zu Blüte, viele Pflanzen." – „Dann sind sie ja nicht nur schön, sondern auch nützlich", denkt Salome nach.

GEBET

Jesus, sicher schmeckt den Schmetterlingen der Blütennektar besonders gut. Und sie haben ja auch etwas Abwechslung mit dem Saft unreifer Früchte. Aber wie freu' ich mich, daß ich als Mensch so viele Dinge essen und vertragen kann. Wenn ich nur an Spaghettis mit Tomatensoße denke, an Pommes frites, Kuchen und Eis. Und Früchte gibt es noch dazu! Danke, Jesus, daß mir so vieles schmeckt. Amen. R. H.

20. MAI

Was fressen Raupen?

„Ich habe eine Raupe gefunden“, sagt Ruben. „Und jetzt habe ich sie gleich mitgebracht. Schaut mal, sie sitzt auf einem Blatt, das genau dasselbe Grün trägt wie sie selbst.“

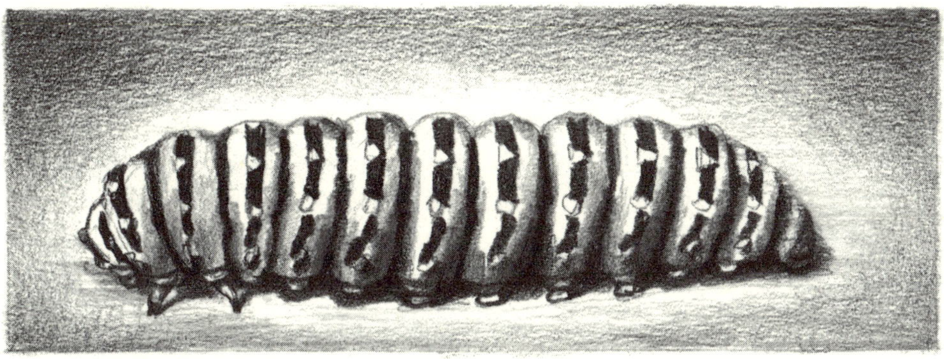

„Frisch geschlüpfte Raupen brauchen nicht lange nach Nahrung zu suchen. Meist legt das Schmetterlingsweibchen die Eier an Stellen ab, an denen die kleinen Raupen gleich versorgt sind. Und oft tragen die Raupen die Farbe ihrer bevorzugten Nahrung“, äußert sich Mutter.

„Das ist ja echt Klasse“, kommentiert Sulamith. „Aber woher wissen denn die Schmetterlingsweibchen, was die kleinen Raupen brauchen, wo sie selbst sich doch von Blütennektar ernähren?“

„Das sind Geheimnisse, die wir einfach stehenlassen müssen und vor denen wir nur staunen können“, antwortet Vater. „Kaum sind die Raupen übrigens geschlüpft, fangen sie mit dem Fressen an. Sie sind regelrechte ‚Nimmersatts‘; denn sie fressen rund um die Uhr. Die meisten Raupen sind Pflanzenfresser. Stengel, Blüten, Früchte, Samen, Blätter, alles, was in den Weg kommt, nehmen sie als Nahrung auf. Allerdings bevorzugen bestimmte Arten auch bestimmte Pflanzen. Nicht alle fressen

Unkraut, wie die Raupe des späteren Admiral-Schmetterlings bevorzugt Brennesseln frißt. Andere Raupen können große Schäden in der Land- und Forstwirtschaft bewirken.“

Salome schüttelt den Kopf: „Ist es nicht komisch?“ meint sie, „es ist dasselbe Tier: einmal Raupe, einmal Schmetterling. Als Raupe bewirkt es großen Schaden, als Schmetterling ist es äußerst nützlich.“

GEBET

Vater im Himmel, je nach Entwicklung ist ein Tier schädlich oder nützlich. Aber es ist nicht nur mit dem Tier so. Ich glaube, daß es mit mir auch ein bißchen so ist. Wenn ich nur an mich denke, komme ich mir vor wie die Raupe. Sie wird zwar selbst immer satt, aber sie denkt nur an sich. Wenn ich auf dich höre, fühle ich mich leicht wie ein Schmetterling und merke, wie ich dabei noch anderen zur Freude sein kann. Amen. R. H.

21. MAI

Das Markstück in der Hosentasche

Das ist Petra noch nie passiert – eben hat sie an der Kasse des Lebensmittelgeschäftes von der Kassiererin genau eine ganze Mark zuviel als Wechselgeld zurückbekommen!

Sie hat es gleich auf den ersten Blick gesehen, denn schon vorher hatte sie sich genau ausgerechnet, daß sie genau 45 Pfennige zurückerhalten müßte, wenn sie die Süßigkeiten mit einem Zweimarkstück bezahlen würde. Da fällt es doch sofort auf, wenn man auf einmal eine Silbermünze dazu in die Hand gelegt bekommt!

Im ersten Moment will sie schon sagen: „Das Markstück ist zuviel!“ und es der Kassiererin zurückgeben. Aber dann überlegt sie es sich anders und läßt das Wechselgeld statt dessen rasch in ihrer Manteltasche verschwinden.

Die Tüte mit den Süßigkeiten nimmt sie an sich und schiebt sich gleich draußen vor der Tür ein Bonbon in den Mund.

Jetzt kann sie so viele Bonbons essen, bis sie platzt – sie hat schließlich noch eine ganze Mark dazubekommen, davon kann man sich noch viele Süßigkeiten kaufen!

Genüßlich lutscht Petra an dem Bonbon und bemüht sich, nicht daran zu denken, daß die Mark in ihrer Hosentasche eigentlich gar nicht ihr gehört . . .

Doch so sehr die leckeren süßen Sachen ihr auch schmekken – bis zum Abend stellt sie sich noch oft vor, wie sie in dem Geschäft an der Kasse stand und fremdes Geld einfach eingesteckt hat. Wie ein richtiger Dieb.

Petra will kein Dieb sein. Diebe nehmen anderen Menschen etwas fort, das ihnen nicht gehört. Aber Petra hat doch niemand etwas fortgenommen, nein, die Kassiererin hat ihr doch selber das Geld in die Hand gelegt . . .

GEBET

Herr Jesus, ich kann dir das nicht genau erklären, aber irgendwie denke ich, daß es nicht recht war, was ich getan habe. Ich hab' das Geld nicht gestohlen, ich hab's bloß behalten, als die Kassiererin es mir gegeben hat. Trotzdem ist es in mir drinnen so, als hätte ich es gestohlen. Ich glaube, es ist dir lieber, wenn ich es morgen wieder zurückbringe, nicht wahr? Bloß gut, daß ich mir noch nichts dafür gekauft habe! Amen. A. B.

22. MAI

Nicht alle Witze sind lustig

Gestern abend waren wir auf einer großen Feier – Mama, Papa, meine Schwester und ich. Da waren ganz viele Leute, die haben sich so laut unterhalten, daß meine Oma sich sogar manchmal die Ohren zuhalten mußte.

Alle durften trinken, was sie gerne haben wollten. Papa wollte gerne Bier, Mama lieber Apfelschorle, und ich und meine Cousinen haben Orangensaft getrunken. Meine Schwester hat sogar ein bißchen Sekt in ihrem Glas gehabt.

Ich habe fast die ganze Zeit mit meinen Cousinen gespielt, das war toll.

Die Erwachsenen haben gar nicht gespielt. Die haben sich bloß immer etwas erzählt, und alle haben durcheinander gesprochen.

Und dann war da noch ein Mann, der etwas vorlas, worüber die Großen dann ganz laut lachten. Ich weiß nicht so genau, was sie so lustig daran fanden, aber als er fertig war, haben alle geklatscht und gerufen, er soll noch mehr vorlesen. Da hat er ein Gedicht über einen Gottesdienst vorgelesen, und die Großen haben wieder so doll gelacht.

Bloß Mama hat diesmal nicht gelacht. Ich hab' sie gefragt, ob sie das denn gar nicht lustig fand, was der Mann da eben vorgelesen hat. Alle hätten es doch lustig gefunden! Da hat sie gesagt, daß sie Witze über Jesus und Gott und den Heiligen Geist nicht mag und deshalb auch nicht mitlachen kann, wenn jemand sich darüber lustig macht. Das alles sei ihr viel zu ernst und wichtig, und es tue ihr weh, wenn Jesus mit dummen Witzen lächerlich gemacht werde.

GEBET

Herr Jesus, Mama hat gesagt, man kann nichts dagegen tun,

wenn dich viele Menschen mit Witzen und komischen Sprüchen verspotten. Man kann nicht immer vor ihnen einfach davonlaufen, aber man sollte ruhig zeigen, wie man darüber denkt.

Ich glaube, Mama hat recht. Ich finde es gut, daß sie nicht mitgelacht hat. Amen. A. B.

23. MAI

Wer will schon ein Schaf sein?

„Der Herr ist mein Hirte, mir wird nichts mangeln. Er weidet mich auf einer grünen Au. Er führt mich zum frischen Wasser." Jason lernt für den Religionsunterricht und spricht laut vor sich hin.

„Er ist ein Schaf, er ist ein Schaf", lacht Rahel belustigt vor sich hin. „Mama", ruft sie dann laut, „wie heißt denn ein männliches Schaf?"

Jason hat aufgehört mit dem Auswendiglernen. Er will wissen, was Mutter antwortet. Auf seine Schwester ist er nicht besonders gut zu sprechen. „Weswegen willst du das denn wissen?" ruft Mutter zurück. Sie ahnt schon nichts Gutes und kommt zum Kinderzimmer.

„Nun, Jason sagt, der Herr ist mein Hirte. Und dann etwas mit einer Au, auf der er weidet. Das macht doch nur ein Schaf, oder?" Sie versucht, Mutter unschuldig anzuschauen, aber es gelingt ihr nicht ganz. „Du hast sicher bemerkt, daß Jason etwas auswendig lernt", wendet sie sich Rahel zu. „Und wenn er ein Schaf wäre, wärst du mit Sicherheit auch eines, da du seine Schwester bist", fügt sie hinzu. „Was Jason gerade lernt, ist einer der tröstlichsten Psalmen der Bibel. Psalmen sind Lieder und Gebete, die Menschen aus der Not heraus gebetet haben. Manche Psalmen sprechen in Bildern. Der Beter will damit ausdrücken, wie er sich fühlt. Der Beter des 23. Psalms, den Jason gerade lernt, sagt darin, daß er Gott empfindet wie einen guten Hirten, der für sein Schaf Sorge trägt, egal in welcher Situation es sich gerade befindet. Er traut dem Hirten des Schafes zu, daß er weiß, was er tut, auch wenn es durch enge Schluchten und dunkle Täler geht. Sogar dort weiß das Schaf, daß der Hirte da ist.

Diesen Psalm hat David, der große König, gedichtet. Er war ja vorher selbst ein Schafhirte gewesen. Er wußte, wie man mit Schafen umgeht. Deshalb traut er Gott zu, daß er noch viel besser weiß, wie man mit Menschen umgeht."

Rahel ist ganz still geworden. „Es tut mir leid", sagt sie zu Jason, „daß ich vorhin so blöd gelacht habe."

GEBET

Herr, ich danke dir, daß du bei mir sein willst. Du trägst für mich Sorge wie ein Hirte um sein Schäflein. Bei dir bin ich gut aufgehoben. Du weißt viel besser, was gut für mich ist. Auch wenn ich in einer schweren Lage bin, hast du mir versprochen dazusein. Das gibt mir Sicherheit. Amen. R. H.

24. MAI

Ein Psalm

„Wie wäre es denn, wenn unsere ganze Familie den 23. Psalm auswendig lernen würde?“ schlägt Vater vor.

„Noch mehr lernen!“ stöhnt Sulamith. „Die Schule reicht einem eigentlich.“ – „Nun, wir könnten es ja auf freiwilliger Basis veranstalten. Jeden Abend beim Abendessen sprechen wir den Psalm im Wechsel. Ich kopiere ein paar Blätter, so daß wir ihn am Anfang ablesen können. Wer ihn nach zwei Wochen einwandfrei kann, hat einen Wunsch frei“, schlägt Vater vor. Salome ist sofort dabei: „Was kann man sich denn wünschen?“ will sie wissen. „Alter Gierschlund!“ sagt Jason. Aber Vater macht Vorschläge: „Alle, die den Psalm können, gehen mit ins Schwimmbad. Wir könnten ein schönes Eis mit Sahne essen oder eine kleine Radtour starten.“ – „Oder in den Holidaypark oder Rollschuhe, ein Fahrrad . . .“ – „Halt!“ ruft Vater, „ihr versucht, mich zum armen Mann zu machen! Die Belohnung soll ein Anreiz sein, den Psalm zu lernen, mehr nicht. Denn eigentlich profitiert ihr selbst am meisten davon, auch wenn ihr das später erst einmal merkt.“

„Immer erst später!“ stöhnt Ruben. „Und wie soll das gehen?“ Vater wird ernst: „Es gab Zeiten in meinem Leben, in denen ich so verzweifelt war, daß ich kaum beten konnte. Dann half es mir, über solche Psalmen nachzudenken. Ich merkte, es ging früher schon anderen Menschen so wie mir jetzt. Aber Gott half ihnen heraus. Das gab mir Mut, Gott zu vertrauen, daß er auch einen Weg für mich hätte.“

GEBET

Vater im Himmel, oft bete ich nur, wenn ich in Schwierigkeiten bin. Aber eigentlich wünsche ich mir, daß du immer bei mir bist. Viele Menschen vor mir haben schon gemerkt, daß es gut ist, dir zu vertrauen. Auch ich will dir noch viel mehr vertrauen, daß du mein Leben recht führst. Amen. R. H.

25. MAI

Moskau ist so weit fort!

Aus der Klasse meiner Schwester sind heute morgen zehn Schüler zu einem Schüleraustausch nach Moskau geflogen. Moskau ist ganz weit fort von hier. Ich würde mich nicht getrauen, ohne Mama und Papa so weit fortzugehen. Meine Schwester würde mir wahrscheinlich nicht sehr fehlen, die ist sowieso meistens ziemlich frech zu mir, aber Mama und Papa müßten schon mitfliegen nach Moskau.

Natürlich habe ich das nicht laut gesagt, sonst hätte Lisa mich wahrscheinlich wieder geärgert und „Mamakind" zu mir gesagt, aber gedacht habe ich es.

Ob sie inzwischen wohl alle in Moskau angekommen sind?

Drei Wochen lang werden sie nun bei fremden Leuten wohnen und auch zur Schule gehen. Niemand von der Familie wird bei ihnen sein. Greta ist auch dabei. Greta ist Lisas Freundin.

Also ich – ich hätte an ihrer Stelle bestimmt furchtbares Heimweh.

GEBET

Herr Jesus, ich habe ja ganz vergessen, daß du nicht nur in Deutschland bist, sondern überall auf der Welt! Du weißt ja, daß die Kinder nach Moskau geflogen sind – bitte sei du ihnen ganz nah und tröste sie, wenn sie mal Heimweh bekommen. Ach ja – und bitte sorge du dafür, daß sie auch alle ganz gesund wieder zurückkommen. Amen. A. B.

26. MAI

Tinas Kummer

Es tut gut, jemanden zu haben, der einen tröstet, wenn man Kummer hat.

Tina hat Kummer, aber niemand ist da, der ihr zuhört und sie in den Arm nimmt. Deshalb weint Tina auch nicht. Sie weiß ja, daß es sowieso niemand sehen würde.

Sie setzt sich einfach nur still auf die niedrige Mauer und denkt nach. „Ich will nicht mehr deine Freundin sein", hatte Denise ihr vor ein paar Minuten zugerufen und war mit Roberta zusammen zum alten Sportplatz gerannt. Tina versteht das nicht. Sie und Denise sind doch schon tausend Jahre befreundet, und Roberta – Roberta gibt es erst seit gestern. Da kam sie neu in die Klasse.

Traurig tritt Tina gegen ihre Schultasche. Zu Weihnachten hat sie ein Tagebuch geschenkt bekommen. Seitdem hat sie jeden Abend hineingeschrieben, was am Tag so alles passiert ist. Heute wird sie hineinschreiben müssen, daß Denise nicht mehr ihre Freundin sein will.

Ob es ihr wohl besser gehen wird, wenn sie ihren Kummer dem Tagebuch anvertraut hat?

GEBET

Herr Jesus, heute mag ich gar nicht in das dumme Buch hineinschreiben. Die ollen Seiten da drin können mir ja doch nicht wirklich zuhören. Bis Mama aus dem Büro kommt, dauert es aber noch so lange, deshalb möchte ich jetzt dir erzählen, warum ich am liebsten heulen würde. Die Denise will nämlich nicht mehr meine Freundin sein, weil die Roberta in unsere Klasse gekommen ist. Ich weiß ja, daß ich mit allen Dingen zu dir kommen kann und daß du mir hilfst – bitte rede du doch mal mit der Denise, und sag ihr, daß ich traurig bin. Amen.

A. B.

27. MAI

Wo wohnt Tante Beate?

Gestern haben wir Tante Beate besucht. Sie wohnt weit weg. Man muß ungefähr drei Stunden lang mit dem Auto fahren, um zu ihr zu kommen.

Diesmal war die Fahrt besonders langweilig, weil Tante Beate umgezogen ist und wir die neue Wohnung noch gar nicht kannten.

Als wir in der Stadt, in der sie wohnt, ankamen, mußten wir erst einmal nach der neuen Straße suchen. Das war gar nicht so einfach, denn der Mann den wir fragten, wußte nicht, wo die Gustav-Mahler-Straße ist. Und die Frau mit dem kleinen Kind hat uns etwas ganz anderes gesagt als der junge Mann, der auch noch neben unserem Auto stehengeblieben war. Dann hat Mama noch eine alte Frau nach dem Weg gefragt, aber die hatte von Einbahnstraßen keine Ahnung, und deshalb ist Papa im Kreis gefahren.

Als wir wieder da ankamen, wo wir die Frau mit dem kleinen Kind getroffen hatten, hat Papa gesagt, jetzt sei er mit den Nerven völlig fertig, und er werde sich auf der Stelle eine Straßenkarte kaufen.

Das hat er an der nächsten Tankstelle auch getan, und als

wir endlich bei Tante Beate ankamen, hatte die schon so lange auf uns gewartet, daß die Sahnetorte schon ein bißchen krumm und schief geworden war. Trotzdem hat sie uns prima geschmeckt, und ich habe drei Stücke davon verdrückt!

GEBET

Herr Jesus, auf dem Rückweg hat Mama mir erklärt, wie wichtig es ist, immer wieder auf den richten Weg zurückzufinden, wenn man mal in die falsche Richtung geraten ist. Wir haben dann auch von dir gesprochen und daß du unser Ziel bist und daß wir dich und dein Wort niemals aus den Augen verlieren dürfen, weil wir das Ziel sonst nicht erreichen. Bitte hilf mir, daß ich nicht auf einen falschen Weg gerate! Amen.

A. B.

28. MAI

Das geheimste Kämmerchen

„Mutti, wenn das stimmt, daß der Herr Jesus uns bis ins Herz sehen kann, dann weiß er doch auch, ob wir einen Menschen liebhaben oder nicht, nicht wahr?"

„Ja, das ist richtig", nickt die Mutter. „Er weiß zum Beispiel ganz genau, ob du jemandem hilfst, weil du dafür etwas von ihm bekommst, oder ob du es tust, weil du ihn einfach liebhast."

„Wenn das so ist", überlegt Sandra angestrengt, „dann sieht Jesus doch auch die anderen Gedanken, ich meine: die schlechten Gedanken."

„Genauso ist es", bestätigt die Mutter.

Das ist Sandra aber gar nicht recht. „Dann weiß er ja jetzt, daß ich heute morgen mit Anna gestritten habe und daß ich ihr böse bin und nicht mehr mit ihr reden will!"

Die Mutter nickt und zuckt mit den Schultern. „So ist es wohl."

„Aber das ist ja blöd – das finde ich nicht gut. Kann man denn nicht einmal etwas denken, ohne daß Jesus es gleich weiß?!"

„Weißt du", antwortet die Mutter, „ich glaube, es ist gut, daß Jesus uns bis ins geheimste Kämmerchen sehen kann. So kann er in jedem Winkel unseres Herzens all den Schmutz hinauskehren und uns wirklich saubermachen. Aber das geht halt nur, wenn wir ihn auch ans Werk lassen."

„Und wie macht man das?" will Sandra wissen.

„Nun, man bittet ihn darum, daß er die schlechten Gedanken und Wünsche aus uns rasch wieder entfernt, sobald wir sie in uns spüren."

„Mutti, ich glaub', er müßte bei mir auch mal saubermachen, meinst du nicht auch?"

GEBET

Lieber Herr Jesus, bitte schau doch mal ganz gründlich in mich hinein. Da ist nämlich seit heute morgen eine Wut in mir drin, die ich jetzt gar nicht mehr haben will. Eigentlich mag ich die Anna ja auch gern, bloß eben heute nicht. Ich weiß, daß du alle meine Gedanken kennst, und die waren heute morgen leider ziemlich garstig. Bitte ändere du sie und mach mich innen wieder ganz sauber. Amen. A. B.

29. MAI

Eddi

„Der Hund von Altherrs hat Junge bekommen", verkündet Ruben, als er nach Hause kommt. „Gelt, Mama, diesmal nehmen wir aber einen. Wenn die Altherrs nicht alle Welpen loswerden, müssen einige sterben." Bettelnd steht Ruben vor Mutter. „Ich hab' mir schon immer einen Hund gewünscht. Und diese sehen so süß aus. Wenigstens anschauen mußt du sie mal. Bitteeeee!"

Vater und Mutter sprechen lange miteinander.

Zum Jubel der Kinder holen wir den Mischling zu uns. Der kleine Kerl weiß gar nicht, woran er ist. So viel Liebe! Jeder will ihn streicheln, liebdrücken, mit Futter verwöhnen. Vor Schrekken setzt er seine erste Lache in die Küche.

Für das Saubermachen sind die Kinder nicht so zu begeistern, aber ansonsten kann sich Eddi – so wird er nun gerufen – nicht über mangelnde Zuwendung beklagen. Er wird ausgeführt, liegt auf dem besten Teppich, und wenn Vater am Tisch sitzt, gönnt er ihm sogar den Platz an seiner Seite. Wenn die Kinder lesen, nehmen sie seinen Bauch als Kissen. Eddi läßt es sich geduldig gefallen. Er merkt, daß er sehr geliebt wird.

„Manchmal könnte man sich wirklich wünschen, ein Hund zu sein", sagt Rahel lachend, als sie sieht, wie Salome Eddi Geschichten vorliest.

GEBET

Herr Jesus, ich weiß, daß du nicht alle meine Wünsche erfüllen kannst. Aber danke, daß ich dir alles sagen darf und du mich hörst. Du weißt am besten, was gut für mich ist. Danke, daß ich immer wieder die Freude erleben darf, daß manche Wünsche in Erfüllung gehen. Amen. R. H.

30. MAI

Noch einmal Eddi

Eddi verbringt ein richtig glückliches Hundeleben bei uns. Schwanzwedelnd läuft er den Kindern entgegen, wenn sie aus der Schule nach Hause kommen, springt an ihnen hoch, freut sich und tollt ausgelassen in der Wohnung herum. Sogar Panther, unsere Katze, hat ihn ins Herz geschlossen. Sie umarmt gelegentlich seine Vorderpfoten und legt ihren Kopf an seine Brust. Eddi ist einfach nicht mehr wegzudenken! Eines Tages klingelt der Nachbar an der Haustür: „Da liegt ein Hund auf der Straße. Er ist angefahren worden. Ich meine, es ist Ihrer."

Die Kinder schreien laut auf.

Eddi liegt auf der Straße. Zunächst scheint es, er lebe nicht mehr. Doch dann sehe ich, wie er noch atmet. Ich rufe seinen Namen. Da wedelt er ganz schwach mit seinem Schwanz. Wir transportieren ihn zum Tierarzt. Der sieht, was alles gebrochen ist, und schickt uns weiter zur Operation.

Die Kinder haben beschlossen, all ihr Geld von der Bank für Eddis Operation zu geben. Wenn er nur gerettet wird! Aber dann stellt der Arzt fest, daß die Verletzungen zu gravierend sind. Eddi wird nie wieder richtig gehen können. Wir sind ganz außer uns vor Schmerz. Wie gerne würden wir diesem Tier helfen und stehen so hilflos da. Nun muß Eddi eingeschläfert werden.

Wir sprechen in diesen Tagen viel vom Tod. Eddi fehlt uns. Wir haben ihn so sehr gemocht. Oft rufen die Kinder nach ihm, wenn sie für einen Moment vergessen, daß er gar nicht mehr da ist. Dann ist der Schmerz um so größer.

Die Bibel spricht davon, daß der Tod ein Feind ist. Wir begreifen das neu. An unserem Eddi merken wir, was Verlust bedeutet.

GEBET

Es ist so schwer, etwas zu verlieren, was man liebhatte, Vater im Himmel. Ich kann einfach nicht verstehen, warum du manches zuläßt. Auch den Tod kann ich nicht begreifen. Es tut so weh! Bitte hilf mir, in den schweren Dingen des Lebens dir zu vertrauen, daß du keinen Fehler machst. Amen. R. H.

31. MAI

Verlust

„Ich weiß jetzt, was Ver*lust* heißt", äußert sich Rahel beim Abendessen. „Es meint, daß man keine Freude mehr hat, daß etwas verlorengegangen ist, was einem sehr wichtig war. Die Lust ist weg."

„Du sprichst von unserem Eddi", fällt ihr Salome ins Wort. „Genau das meine ich", nickt Rahel. Die Tränen rollen ihr dabei über die Wangen.

„Was würdet ihr wohl sagen, wenn wir ihn vorsätzlich ins Auto hätten laufen lassen?" fragt Vater. Die Kinder sehen ihn entsetzt an. „Du meinst: extra, damit er stirbt?" Jason sieht Vater ungläubig an: „Das hättest du nie gemacht, das glaub' ich einfach nicht." – „Da hast du auch recht, Jason", beruhigt ihn Vater. „Aber es gibt jemanden, der hat sein Kind extra sterben lassen", spricht Vater weiter.

„Das macht kein richtiger Vater, gelt, Papa?" ereifert sich nun Rahel. „Doch", entgegnet Vater, „dieser Vater hat es zugelassen. Ich kenne ihn sogar. Er hatte natürlich einen Grund dafür. Und sein Kind hatte er sogar ganz besonders lieb." – „O Papa, wie schrecklich!" sagt Salome leise. „Starb das Kind dann wirklich?" – „Ja, es starb einen schrecklichen Tod", fährt Vater ernst fort. Alle Kinder sitzen still am Tisch. „Es ist Gott der Vater selbst gewesen. Er merkte, daß wir Menschen in eine furchtbare Verlorenheit gehen. Wie gerne wollte er uns retten! Aber wir Menschen konnten das einfach nicht begreifen. Da entschloß er sich, sein einziges, geliebtes Kind in die Welt zu schicken. Er ließ zu, daß Jesus am Kreuz starb. Gottes Vaterliebe galt nicht nur Jesus, sondern auch jedem von uns.

Für Gott war der Tod Jesu mindestens genauso schlimm wie für Jesus selbst. Weil Jesus im Moment seines Todes alle Schuld von uns an sich trug, mußte Gott sein Kind in der Stunde des

Todes allein lassen, sich von ihm abwenden. Gottes Heiligkeit kann die Sünde nicht ertragen.

Bei Eddi hätte das bedeutet, ihn einfach auf der Straße liegenzulassen und uns nicht um ihn zu kümmern, so zu tun, als würden wir ihn nicht kennen."

„Das ist ja ganz schrecklich", sagt Rahel. „Aber wie lieb muß Gott uns doch haben!" äußert sich nun Salome. „Ich glaube, jetzt kann ich es ein wenig begreifen, wie lieb der Vater im Himmel mich haben muß."

GEBET

Vater im Himmel, du hast Jesus geopfert für mich. Weil er meine Sünden auf sich genommen hat, kann ich jetzt in den Himmel kommen. Ich kann nicht begreifen, wie du das geschafft hast. Aber du mußt mich sehr liebhaben. Und dafür danke ich dir von ganzem Herzen. Amen. R. H.

1. JUNI

Schuldig oder unschuldig?

Salome kommt zur Mutter gelaufen: „Die Rahel liegt im Bett und weint fürchterlich. Mama, du mußt nach ihr schauen!" Mutter geht nach oben in Rahels Zimmer. Sie setzt sich an ihr Bett. „Was ist mit dir, mein Kleines?" spricht sie Rahel an. Aber Rahel weint um so mehr. Mutter sitzt eine Weile ganz still dabei und streichelt ihr Gesicht. Dann bricht es aus Rahel heraus: „Ich bin schuld! Ich bin an allem schuld!"

Mutter versteht nichts. Sie fragt nach: „Sag mir doch, an was du schuld sein sollst, dann kann ich dich vielleicht beraten, was zu tun ist." Rahel weint noch mehr: „Das nützt alles nichts mehr. Es ist aus und vorbei und . . ." Sie weint nochmals laut auf . . . „und zu spät." Nach einiger Zeit hat sich Rahel etwas gefaßt. Sie setzt sich im Bett auf. „Weißt du, ich bin schuld, daß Eddi überfahren wurde. Er war so närrisch an diesem Tag. Zuerst kickte er die Schildkröte herum. Als du ihn auf den Balkon brachtest, buddelte er die Wurzeln der Kletterrose aus. Schließlich sollte ich ihn in seinen Auslauf bringen. Genau dort aber schaffte er es, ein tiefes Loch unter dem Zaun durchzugraben. Er entwischte auf die Straße. Mama, ich bin schuld! Wäre ich bei ihm geblieben, hätte ich es gemerkt. Vielleicht hätte ich ihn zusätzlich anbinden sollen. Ach, Mama, wenn ich besser aufgepaßt hätte, wäre das alles vielleicht nicht passiert." Rahel weint erneut.

„Mein liebes Kind", sagt Mutter und redet beruhigend auf Rahel ein, „wir können manche Dinge im Leben nicht mehr zurückholen. Manches ist nicht wiedergutzumachen. Auch wenn man sehr sorgfältig ist, kann etwas Ungewolltes passieren. Und bei Eddi trifft dich wirklich keine Schuld." – „Aber wie kann ich wissen, ob ich schuldig bin oder nicht?"

GEBET

Jesus, es ist schlimm, wenn man an etwas schuld ist, was man gar nicht so wollte. Ich bin froh, daß du in unser Herz blicken kannst. Du kennst alle Gedanken und Gefühle. Danke, daß ich mit dir über alles reden darf, was mich bedrückt. Amen.

R. H.

2. JUNI

Vergib uns unsere Schuld

Es gibt Schuld, die läßt sich nicht so ohne weiteres klären. Rahel ist mit Sicherheit nicht am Tod von Eddi schuld. Trotzdem war sie die letzte, die Eddi versorgt hat. Sie macht sich Gedanken darüber, ob vielleicht doch der Zaun irgendwo schon aufgebogen war und der Hund deshalb an dieser Stelle sein Loch grub. Ob sie hätte bei ihm bleiben sollen? Mutter versucht, Rahels Selbstvorwürfe zu zerstreuen. Doch Rahel kommt von der Frage der Schuld nicht los.

Es ist Abend. Wir beten das Vaterunser. Plötzlich hält Rahel inne: „Das ist es, was ich brauche", sagt sie. Mutter schaut Rahel fragend an. „Ich brauche, daß Gott mir diese Schuld vergibt. Dann darf ich wieder froh werden. Dann ist es überflüssig zu klären, ob Eddi anders nicht unter das Auto gekommen wäre", erklärt Rahel.

„Vergib uns unsere Schuld", gewinnt plötzlich eine ganz persönliche Bedeutung. Da ist einer, der diese Schuld abnehmen will, einer, der für diese Schuld schon gebüßt hat.

Später hört Mutter, wie Rahel leise vor sich hin singt. Sie merkt, welche Last von ihrem Kind abgefallen ist.

GEBET

Jesus, es gibt nichts, was du mir nicht vergeben könntest. Nichts ist dafür zu klein, aber auch nichts zu groß. Vergib mir meine Schuld, darum bitte ich dich. Du hast für meine Schuld bezahlt. Wie danke ich dir dafür! Amen. R. H.

Alles wirklich Wertvolle bekommen wir geschenkt

In drei Wochen hat Salome Geburtstag. Sie ist schon ganz aufgeregt und voll mit Wünschen. Jeden Tag fallen ihr neue Dinge ein, die sie sich noch wünschen könnte. Die Liste wird sehr lang. „Ist ja gar nicht schlimm, wenn ihr nicht alles erfüllen könnt", erklärt sie der Mutter. „Denn so wird es echt spannend, weil ich nicht weiß, was ihr von meinen Wünschen aussucht."

„Hast du schon einmal nachgedacht, mein Mädchen, daß wir die wirklich wichtigen und bleibenden Dinge gar nicht kaufen können?" fragt Mutter. Salome schüttelt erstaunt den Kopf. „Nun, dann denk einmal nach", fordert Mutter sie auf. „Mein Leben", sagt Salome, „mein Leben kann ich mir nicht kaufen. Ich mußte es mir von Gott schenken lassen – und – von dir." Salome lächelt Mutter an. Da kommt ihr schon die nächste Idee: „Daß ich dich und Papa haben darf. Das konnte ich mir auch nicht kaufen." Sie macht eine kleine Pause: „Daß ich Geschwister habe und daß ich gesund bin und daß kein Krieg bei uns ist und daß wir Gott kennen und daß Jesus für uns gestorben ist . . . o Mama, all das ist viel mehr wert als alles, was ich mir gewünscht habe!" ruft sie aus. „Und die ganze Zeit schien es mir so wichtig, ein Auto für die Barbie zu bekommen oder einen Spielhund, der bellen kann."

Salome sitzt nachsinnend da: „Wenn Gott mir nicht mein Leben gegeben hätte, dann wären auch meine Wünsche nicht. Ich will ihm danken dafür, daß ich auf die Welt gekommen bin. Das ist eigentlich mein größtes Geburtstagsgeschenk."

GEBET

Danke, daß du mir mein Leben geschenkt hast, Herr Jesus. Ich freue mich, daß ich leben darf und all das sehen, was du gemacht hast. Und danke, daß ich Eltern habe und Geschwister. Es gibt so vieles, wofür ich dankbar sein kann. Amen.

R. H.

4. JUNI

Tischgebet für Mama

Die Carolin aus meiner Klasse hat mich gefragt, ob wir vor den Mahlzeiten beten. Ja, habe ich gesagt, der Papa und ich und der Christian beten vor dem Essen immer. Und deine Mutter, hat Carolin gefragt, betet deine Mutter nicht am Tisch? Nicht so richtig, habe ich gesagt, eigentlich sogar gar nicht.

Wir anderen beten nämlich für Mama. Sie ißt immer ohne zu beten. Meistens wartet sie nicht einmal ab, bis Christian und ich und Papa gemeinsam das Tischgebet gesprochen haben. Sie fängt einfach an zu essen. Das finden wir nicht so gut. Ich denke dann immer, daß Jesus bestimmt traurig ist, wenn er das sieht. Weil er uns doch das Brot und die Butter und das andere alles schenkt.

Einmal habe ich zu Mama gesagt: Bitte warte doch, bis wir gebetet haben. Da hat sie gesagt, ich soll nicht so vorlaut sein.

Dabei hätte ich so gern, daß der Herr Jesus ihr Essen auch segnet, und nicht bloß unseres.

GEBET

Herr Jesus, sei Mama bitte nicht böse, weil sie dir nie für ihr Essen dankt. Sicher vergißt sie es meistens bloß, weil sie immer so einen großen Hunger hat.

Papa und ich und Christian möchten aber so gern, daß du ihr Essen trotzdem segnest. Genügt es dir wohl, wenn wir immer für sie mitbeten, oder ist es besser, wenn sie es selbst tut?

Bitte denk doch einmal darüber nach, ja? Amen. A. B.

5. JUNI

Ausgerechnet das Blumenkind!

Oh, ist das winzige Holzfigürchen aber hübsch! Andrea steht vor Mamas Geburtstagstisch und bewundert das kleine Blumenmädchen mit großen Augen. Sie weiß genau, daß sie nicht damit spielen darf, denn die Holzfiguren sind sehr teuer, weil sie in Handarbeit hergestellt werden.

Die Mutter sammelt sie und bekommt an jedem Geburtstag und zu jedem Weihnachtsfest ein Blumenmädchen dazugeschenkt. Inzwischen hat sie schon so viele, daß sie alle zusammen zu einem großen Kreis aufgestellt werden können.

Vorsichtig nimmt Andrea die kleine Holzfigur in die Hand und besieht sich die wunderschöne Malerei, mit der das Kleidchen verziert ist. Es dauert bestimmt sehr lange, bis so ein Blumenmädchen fertig bemalt ist . . .

Andrea ist so versunken in den Anblick der zierlichen Figur in ihrer Hand, daß sie erschreckt zusammenzuckt, als die Mutter ins Wohnzimmer tritt.

„Andrea – gib acht!"

Zu spät. Das zierliche Blumenmädchen liegt auf den Steinfliesen, und die gelbe Butterblume, die es so anmutig im Arm gehalten hatte, ist abgebrochen . . .

GEBET

Herr Jesus, danke, daß Mutti mir nicht mehr böse ist. Zuerst hat sie ja geschimpft und gesagt, ich soll auch nicht immer alles anfassen. Aber dann hat sie mich in den Arm genommen und getröstet, als ich weinen mußte. Ich wußte doch, daß Mutti das Blumenkind gerade erst geschenkt bekommen hatte! Und ich wollte es doch auch wirklich nicht kaputtmachen, bloß anschauen wollte ich es! Aber nun ist ja alles wieder gut, da bin ich froh! Amen. A. B.

6. JUNI

Eine Impfung will ich nicht!

„Mama, muß ich wirklich unbedingt zum Kinderarzt?" ruft Julia ängstlich. „Ich will da nicht hin! Bestimmt bekomme ich wieder eine Impfung, und die piekst immer so!"

Die Mutter greift ihrem Töchterchen scherzhaft in den Nacken und schüttelt sie wie einen jungen Hund. „Du kleiner Feigling! Du weißt doch genau, daß es nötig ist. Denn wenn du deine Impfung nicht bekommst, wirst du irgendwann an Mumps erkranken. Und das ist nicht gerade angenehm, glaub mir!"

Aber Julia ist mit dieser Erklärung nicht zufrieden.

„Wenn du mich wirklich liebhättest, –" schmollt sie trotzig, „dann müßte ich jetzt nicht mitgehen und mich von dem ollen Kinderarzt pieksen lassen."

„Du Dummchen", lacht die Mutter jetzt, „natürlich hab' ich dich lieb. Wenn es anders wäre, könnte es mir doch ganz gleichgültig sein, ob du krank wirst oder nicht! Glaub mir, Julchen, ich weiß genau, was gut ist für dich – vertraue mir ruhig, und zieh dir jetzt rasch deinen Mantel an, ja?"

GEBET

Herr Jesus, die Impfung heute nachmittag war gar nicht so schlimm. Es hat nur ein ganz kleines bißchen gepiekst und –

schwupp – schon war alles vorbei. Mama hat bestimmt recht gehabt. Natürlich hat sie mich lieb, auch wenn sie manchmal etwas von mir verlangt, was ich noch nicht verstehen kann. Du bist manchmal wie Mama. Nicht jeden Wunsch erfüllst du mir. Aber dafür hast du bestimmt einen Grund. Ich will dir vertrauen, denn du hast mich ja lieb. Amen. A. B.

7. JUNI

Ein Konzert für die Mutter

Markus übt Klavier. Er nimmt seit einem Jahr Klavierunterricht und kann nun schon einige kleine Lieder spielen. Manchmal begleitet der Vater ihn mit der Geige. Dann klingt es, als würden die beiden ein richtiges Konzert geben. Wie gern hört die Mutter ihren beiden Männern dabei zu!

„Papa!" ruft Markus jetzt. „Ich habe genug geübt – sollen wir beide jetzt noch einmal das Lied von Hänsel und Gretel zusammen spielen?" Klar macht der Vater mit. Sofort holt er seinen Geigenkasten, zieht den Reißverschluß an der Seite auf und nimmt behutsam das rotglänzende Instrument heraus.

Aber dann beginnt er nicht etwa gleich zu spielen. Nein, zuerst muß nämlich die Geige gestimmt werden. Und während der Vater an den Wirbeln dreht und die Saiten immer wieder mit dem Bogen anstreicht, wartet Markus ungeduldig.

„Sag mal, Papa, warum spielst du eigentlich nicht einfach drauflos? Warum stimmst du die Geige immer erst so lange? Das ist soooooo langweilig!"

Wieder streicht der Vater eine Saite an, horcht dem Ton nach und summt ihn leise mit: „Mmmmm . . . weißt du, Markus, wenn ich das nicht machen würde, dann würde meine Geige nicht richtig klingen. Unser Zusammenspiel würde sich schauerlich anhören, und es wäre schade um unser Lied, meinst du nicht auch?"

„Klar", nickt Markus und legt seine Finger auf die Klaviertasten. „Aber jetzt geht's los!" Und dann spielen die beiden Musikkünstler zusammen das Lied von Hänsel und Gretel.

Das klingt so wunderschön, daß die Mutter drüben in der Küche fröhlich mitsingt!

GEBET

Herr Jesus, so wie mit Papas Geige ist es wohl auch mit uns Menschen. Wir sind, wie wir eben sind, und wir machen vieles falsch. Aber wenn du in unsere Herzen kommst, veränderst du uns. Ich möchte auch von dir verändert werden. Ich wünsche mir nämlich, daß ich nicht mehr so oft schwindele. Bitte hilf mir dabei. Amen. A. B.

8. Juni

Julia fährt weg

Heute war meine Oma genau deswegen glücklich, weil meine Mutter und ich traurig waren. Seltsam, nicht?

Meine Mutter und ich haben nämlich die Julia – das ist meine große Schwester – in die Nachbarstadt zum Bahnhof gebracht. Julia will mit ihrer Freundin in Ostdeutschland eine Woche lang Ferien machen. Die beiden hatten sich schon lange auf die Reise gefreut. Julia besonders, denn sie ist noch nie ohne uns eine so weite Strecke mit dem Zug gefahren.

Mama und ich haben uns ja auch wirklich mitgefreut, aber mir war doch ganz elend zumute, als Julia und Henriette dann tatsächlich in den langen Zug stiegen. Vom Bahnsteig aus konnten wir genau sehen, wie die beiden im Zug entlanggingen und sich ihre Plätze aussuchten. Im Nichtraucher-Abteil sind sie geblieben und haben uns zugewinkt. Dann hat die Frau neben uns in der blauen Uniform den Arm gehoben und gepfiffen, und dann ist der Zug abgefahren. Das war ein blödes Gefühl. Mama fand das auch. Ich hatte einen dicken Kloß im Hals, der wollte gar nicht runtergehen.

Da hat Mama gesagt: „Komm, wir beide besuchen jetzt die Oma. Sie wohnt ja bloß zwei Straßen weiter – dann vergessen wir den dummen Abschied!“ Das haben wir auch gemacht, und Oma hat sich ganz doll darüber gefreut, weil sie heute mit uns gar nicht gerechnet hatte.

Ja, und deshalb war sie glücklich. Bloß, weil Mama und ich traurig waren.

GEBET

Herr Jesus, jetzt liege ich im Bett und denke an meine Oma. Und daran, wie sehr sie sich gefreut hat, als wir bei ihr klingelten. Daß Julia und Henriette gut angekommen sind, weiß ich schon, denn sie haben inzwischen bei uns angerufen. Danke, daß du so gut auf die beiden aufgepaßt hast. Amen. A. B.

9. JUNI

Die Sandwespe Ammophila

„Mama, du mußt mitkommen, ich hab' was ganz Komisches entdeckt“, Rahel zieht Mama an der Hand.

„Aber ich möchte das Essen fertig kochen“, wehrt sich Mutter.

„Dann sind sie vielleicht weg, bitte komm“, bettelt Rahel weiter.

„Was ist weg?“ will Mutter wissen.

Während die beiden nach draußen gehen, schießt Rahel schon los: „Also, es sieht aus wie Wespen. Aber diese Tiere kommen nicht aus einem Wespennest, sondern aus der Erde heraus, aus einem Loch. Siehst du, da ist eines und da vorne noch eines.“

„Es sind wirklich keine gewöhnlichen Wespen, sondern Sandwespen. Sie bauen keine Nester, sondern leben in Sandlöchern. Davon haben sie auch ihren Namen“, erklärt Mutter.

„Huch“, schreit Rahel auf, „schau mal, was die kleine Wespe da mitschleppt. Das ist doch eine Raupe! Die ist ja mindestens zehnmal so groß wie sie selbst! Sie bewegt sich ja gar nicht. Ist sie tot?“ Rahel ist ganz aufgeregt. Mit Mutter zusammen beobachtet sie, wie die Wespe Stücklein für Stücklein das leblos scheinende Tier zum Loch schleppt. Die Wespe verschwindet darin und zieht ihre Beute hinter sich her. Rahel schüttelt sich: „Mama, wird die Raupe jetzt aufgefressen?“

„Hör zu, mein Mädchen, ich erzähle dir gerne, was ich weiß. Aber jetzt werde ich erst mal dafür sorgen, daß es nachher bei uns etwas zu essen gibt. Mit Raupen wärst du ja als Mahlzeit nicht zufrieden“, sagt Mutter und geht in die Küche zurück.

Rahel bleibt in der Nähe des Wespenloches sitzen. Erstaunt beobachtet sie, was weiter geschieht. Nach längerer Zeit kommt die Wespe wieder nach außen. Sie schleppt mit ihren Vorderzangen kleine Steinchen herbei. Als das Loch ziemlich verschlossen ist, bringt sie noch einen kleinen Kieselstein, den sie mit viel Mühe vorwärtsbewegt. Es scheint fast, als würde sie den Stein wie einen Hammer dazu benutzen, um die anderen Steinchen festzuklopfen. Rahel ist ganz versunken, als Mutti zum Essen ruft. Sie geht ins Haus und heftet sich wieder an Mutter: „Mama, was passiert jetzt innen im Loch? Wie geht es weiter? Verfault die Raupe jetzt? Wann kommt die Wespe wieder, um das Loch zu öffnen?"

„Jetzt werden wir erst einmal essen", bestimmt Mutter, „und als Nachtisch gibt es dann Raupe!" Rahel schüttelt sich. Mutter lacht: „So hab' ich das nicht gemeint. Aber nach dem Essen werd' ich dir erzählen, was ich über die Sandwespe noch weiß."

GEBET

Bin ich froh, daß ich keine Sandwespe bin, und noch mehr froh darüber, daß ich auch keine Raupe bin. Viel lieber esse ich, was meine Mama gekocht hat. Danke, lieber Gott, daß ich ein Mensch sein darf. Amen. R. H.

10. JUNI

Noch einmal Sandwespe

Rahel hat beobachtet, wie eine Sandwespe eine leblos scheinende Raupe in ein Erdloch transportiert hat. Danach verschloß die Wespe das Loch mit kleinen Steinen. „Was geschieht weiter?" will Rahel von Mutter wissen.

„Wahrscheinlich war es nicht die erste Raupe, die dort gelagert wurde", äußert Mutter. „Meist benutzt die Sandwespe ein Loch für drei Beutetiere. Das Loch mündet in eine kleine Kammer. Dort werden die betäubten Tiere gelagert. Sie sind nicht tot. Mit ihrem feinen Stachel hat die Sandwespe eine wohldosierte Giftmenge in den Körper der Raupe gespritzt. Es ist genau so viel, daß die Raupe sich nicht bewegen oder befreien kann, und genau so wenig, daß sie dabei am Leben bleibt. Die Sandwespe heftet ein kleines Ei an das Tier. In aller Ruhe kann die Larve nun aus dem Ei schlüpfen und sich bestens selbst versorgen. Sie hat genügend Frischfleisch mitgeliefert bekommen. Und das reicht ihr bis zu ihrer Verpuppung. Nun befreit sie sich aus dem Loch und beginnt alsbald selbst, Raupen zu erbeuten."

„Aber Mama, wie lernt sie ihre Mutter kennen? Wer zeigt ihr, wie sie aus dem Loch herauskommt? Wer bringt ihr denn bei, wie sie sich ernähren kann, wie man den Stachel gebraucht, wieviel Gift sie spritzen muß?" will Rahel wissen.

„Ihre Mutter lernt die kleine Wespe nie kennen. Obwohl sie nie erlebt hat, wie das alles geht, weiß sie mit ihren Beutetieren umzugehen und schleppt später wiederum Raupen in ein Erdloch, um ihre eigenen Eier abzulegen. Es sind Geheimnisse, die Menschen nur beobachten, aber niemals erklären können. Auf wunderbare Weise ruhten alle Informationen zum Überleben und Weitergeben der eigenen Art schon in dem kleinen Ei, als es in der dunklen Erde an die betäubte Raupe geheftet wurde."

Rahel staunt: „Wer sollte das begreifen können?"

GEBET

Vater im Himmel, ich staune, wie du dir alles ausgedacht hast. Man kann es wirklich nicht begreifen, wie diese Tiere über alles Bescheid wissen. Und niemand hat sie es gelehrt. Schon allein das zeigt mir, daß hinter allem ein Schöpfer ist, der es geplant hat. Ich will dir auch in allen Dingen meines Lebens vertrauen. Amen. R. H.

11. JUNI

Warum hilft Birte mir nicht beim Aufräumen?

Ich bin so wütend, daß ich am liebsten irgendwas an die Wand schmeißen würde! Immer, wenn ich mit Birte in ihrem Kinderzimmer spiele, räume ich auch nachher mit ihr alles wieder ordentlich auf, bevor ich nach Hause gehe. Mama sagt, das macht man immer so, wenn man zusammen gespielt hat.

Und Birte? Warum räumt Birte dann nie und nie und nie mit mir auf, wenn wir in *meinem* Kinderzimmer gespielt haben? Warum ist sie eben wieder einfach nach Hause gegangen und hat gesagt, sie hätte keine Lust zum Aufräumen?!

Ich finde das gemein. Jetzt muß ich alles wieder alleine in Ordnung bringen. Birte soll nicht mehr herkommen!

GEBET

Herr Jesus, manchmal ist es wirklich schwierig, das zu tun, was du gut findest. Am liebsten würde ich ab heute bei Birte auch nicht mehr beim Aufräumen helfen. Aber das würde dir nicht gefallen, das weiß ich ganz sicher. Bitte mach, daß ich nicht mehr so wütend bin auf Birte und daß ich ihr trotzdem das nächste Mal wieder beim Aufräumen helfe. Irgendwann tut sie es dann bestimmt auch bei mir. Amen. A. B.

12. JUNI

Niklas ist manchmal so wild

Es ist Abend. Bastian liegt in seinem Bett, und Mama liest ihm gerade eine Gute-Nacht-Geschichte vor. Die beiden Brüder, die in der Geschichte vorkommen, verstehen sich gut und spielen miteinander die tollsten Spiele.

Als Mama das Buch zuklappt, zieht Bastian eine Grimasse. „Bei uns ist das aber ganz anders", brummt er finster. „Der Niklas macht mir meistens alles kaputt. Der spielt gar nicht richtig mit mir. Der ist doof."

Die Mutter zieht Bastian an sich und tröstet ihn: „Sieh mal – der Niklas ist erst zwei Jahre alt. Da kann man halt noch nicht so feine Burgen bauen, wie du es heute mit deinen Bausteinen gemacht hast. Aber weißt du, Basti, er möchte dir eben gar zu gern beim Bauen helfen, und dabei ist er dann eben oft ein wenig ungeschickt."

Bastian hebt den Kopf und sieht die Mutter an. „Und ich? War ich auch so wie der Niklas, als ich noch klein war?" Die Mutter lacht: „Aber klar, mein Großer! Ganz genauso warst du! Du hast zum Beispiel ganz oft auf meinem Einkaufszettel herumgemalt. Manchmal konnte ich gar nicht mehr richtig lesen, was ich mir notiert hatte, und mußte alles neu schreiben. Aber ich hatte dich lieb und hab' dir rasch verziehen!"

„Ganz oft?" will Bastian wissen und sieht die Mutter prüfend an.

„Ja, ganz oft", sagt diese fest. „Nun komm, laß uns jetzt beten, ja?"

Und Bastian betet:

GEBET

„Lieber Herr Jesus, auch wenn ich manchmal den Niklas gar nicht leiden kann, weil er mir wieder etwas kaputtgemacht hat – ich hab' ihn trotzdem lieb. Ich will dir das sagen, weil du sonst vielleicht denkst, ich hätte lieber einen anderen Bruder. Aber der Niklas ist schon in Ordnung, und ich will ihn wohl gern behalten. Danke, daß ich ihn habe. Amen." A. B.

13. JUNI

Viele Blättchen zum Ausmalen

Jeden Sonntag bekommen wir Kinder im Kindergottesdienst ein einzelnes Blatt, auf dem die Geschichte steht, über die wir kurz vorher gesprochen haben. Auf der anderen Seite ist meistens dazu noch ein Bild, das wir ausmalen können.

Ich habe schon viele solcher Blättchen zu Hause. Ich hefte sie immer sorgfältig in einer Mappe ab. Oft bleiben beim Verteilen einige übrig, die darf ich dann auch nach Hause mitnehmen. Die anderen Kinder wollen sie nicht, aber ich hefte sie zu den anderen dazu, und nun ist mein Ordner deshalb schon ganz dick.

Ob ich die Blättchen, die ich doppelt habe, morgen mal mitnehme in die Schule? Bestimmt freuen sich die Kinder in meiner Klasse, wenn ich sie dort verteile! Sie hätten dann eine Geschichte von Jesus zum Lesen und ein schönes Bild zum Ausmalen . . .

GEBET

Herr Jesus, ich glaube, du freust dich, wenn ich den anderen Kindern die Blättchen mitbringe. Und wenn sie dann etwas von dir lesen – wer weiß – vielleicht möchten sie ja dann auch in den Kindergottesdienst kommen. Das wäre schön! Amen.

A. B.

14. JUNI

Kai ist doof

Ich habe mich heute morgen mit meinem Bruder gestritten. Der Kai hat meine Ritterburg kaputtgemacht. Dabei habe ich so lange daran gebaut – fast zwei ganze Tage lang. Kai ist einfach gekommen, hat seinen Fuß über meine Ritterburg gehalten und gefragt: „Soll ich . . .?" Dabei hat er ganz frech gelacht und so getan, als würde er gleich drauftreten. Ich habe „Nein!" gerufen und „Laß das!" Aber Kai hat nicht aufgehört. Er wollte mich ärgern, das habe ich genau gesehen!

Da habe ich ihm einen Schubs gegeben, daß er hingefallen ist. Er hat sich bestimmt nicht weh getan, aber sauer ist er gewesen!

Und dann hat er wirklich draufgetreten – bomm! – und meine schöne Ritterburg war kaputt.

Jetzt bin ich so böse auf Kai, daß ich am liebsten gar nicht mehr mit ihm reden würde.

GEBET

Lieber Herr Jesus, du hast ja genau gesehen, wie das mit meiner Ritterburg passiert ist. Bestimmt verstehst du es gut, daß ich mich jetzt so sehr über den Kai ärgere. Aber ich weiß ja, du magst es nicht, wenn man über Nacht böse miteinander ist.

Bitte mach, daß auch der Kai sich wieder mit mir vertragen will. Ein bißchen müßtest du dich aber schon damit beeilen, wenn du mir helfen willst, weil es jetzt nämlich schon dunkel wird. Amen. A. B.

15. JUNI

Die Kleinen machen alles kaputt

Der große Tag der Turner hat stattgefunden. Die Kleineren bekamen vom Turnverein eine Riesenpackung Knet als Belohnung fürs Mitmachen. Salome saust zu Mutter und muß es ihr gleich ausgiebig zeigen: „Mama, schau doch, die wunderschönen Ausstechformen, das Unterlegebrett und vor allem die vielen Stangen Knet in den herrlichsten Farben. Und dann noch das kleine Wellholz", jubelt sie entzückt. Schon am nächsten Morgen startet sie ihre ersten Kunstwerke und freut sich darüber, was alles entsteht: ein kleiner Vogel und ein Elefant. Dazu eine Blume und ein Eichhörnchen. Sie legt den Knet auf ihren Tisch im Kinderzimmer, um eine Freundin zu besuchen.

Inzwischen hat der kleine Bruder seine Entdeckungsreise begonnen. Es ist doch zu interessant, was die größeren Geschwister alles besitzen! Viel schöner als alle Spielautos. Junias nimmt den Knet aus der Schachtel. Er knetet, wie er es bei der Schwester gesehen hat. Aber warum sollte man sich mit nur einer Stange Knet begnügen? denkt er. Er nimmt eine zweite heraus. Mischen ist auch nicht schlecht, denkt er, und knetet stillvergnügt alle Farben zusammen, bis sie einen großen, braunen Kloß bilden. Mutter ist in der Küche mit dem Kochen beschäftigt. Wo steckt er nur, der Jüngste? Es ist so ruhig. Sie ruft, aber er antwortet nicht. Das ist verdächtig. Die Tür zum Kinderzimmer ist angelehnt. Als Mutter den kleinen Junias findet, sitzt er stillvergnügt an Salomes Tisch. Der bunte Knet liegt völlig miteinander vermengt vor ihm. Mutter schlägt die Hände über dem Kopf zusammen: „Ach du liebe Zeit!" ruft sie voller Schrecken. „Salome wird wütend auf dich sein, auch wenn sie dich sonst sehr liebt."

Da kommt auch schon Salome nach Hause. Sie weint fürchterlich. „Alles macht der Kleine kaputt", jammert sie. Am liebsten würde sie ihn hauen. Sie begreift zwar, daß Junias das noch nicht verstanden hat, aber ihr schöner Knet ist für immer dahin.

GEBET

Wie bin ich froh, daß ich Geschwister habe, Jesus. Aber manchmal ist es auch sehr schwer. Nämlich wenn die Kleineren etwas kaputtmachen. Bitte, Jesus, hilf mir dann, sie trotzdem noch liebzuhaben. Amen. R. H.

16. JUNI

Wie auch wir vergeben unseren Schuldigern

Wir beten miteinander das Vaterunser. Als wir fertig sind, will Salome wissen: „Papa, was sind Schuldiga?“ Vater weiß nicht gleich, worauf Salome hinaus will: „Was meinst du denn mit Schuldiga?“ fragt er nach.

„Nun, denen wir vergeben sollen“, erklärt Salome.

„Ach, du meinst die Schuldiger?“ Vater hat es jetzt verstanden.

„Nun, das sind Menschen, die uns etwas Böses zugefügt haben, uns beleidigt oder uns etwas weggenommen haben.“ „Ich versteh' schon“, nickt Salome, „solche auch, die einem was kaputtmachen.“ – „Ja, die auch“, bestätigt Vater. „Dann weiß ich Bescheid!“ Sie geht zu ihrem kleinen Bruder. „Hör zu“, sagt sie zu ihm, „ich war heute schrecklich wütend auf dich wegen dem Knet. Du bist jetzt mein Schuldiger. Aber weil wir den Schuldigern vergeben sollen, vergeb' ich dir jetzt auch.“

Junias versteht gar nichts. Er merkt nur, daß die Schwester anscheinend nicht mehr böse auf ihn ist. Und das macht ihn ganz arg glücklich.

GEBET

Herr, es ist wirklich nicht einfach, den Schuldigern zu vergeben. Das heißt nämlich, daß man dann auch nicht mehr böse auf sie ist. Aber eigentlich haben sie einen traurig gemacht und sind schuld. Und irgendwie meint man, ein Recht darauf zu haben, wenn man ärgerlich auf sie ist. Aber ich gebe dieses Recht jetzt an dich ab. Dann geht es mir selbst auch besser. Amen.

R. H.

17. JUNI

Vergib uns unsere Schuld

„Wenn einer etwas Böses gemacht hat, ohne daß er es eigentlich wollte, dann muß man ihm vergeben. Das meinst du doch auch, Mama?“ sagt Jason zu Mutter.

„Wie meinst du das, etwas Böses tun, ohne es zu wollen?“ fragt Mutter zurück.

„Nimm mal an, einer hat einen Weitwurf mit einem Stein gemacht. Da kam ausgerechnet dort jemand vorbei und wurde getroffen. Der den Stein geworfen hat, wollte den aber gar nicht treffen. Möglicherweise hat er ihn sogar schwer verletzt“, erklärt Jason.

„Für den Verletzten ist die Folge des Unfalls, ob gewollt oder ungewollt, auf jeden Fall dieselbe“, gibt Mutter zu bedenken.

„Was liegt dir denn eigentlich mit dieser Frage am Herzen?“ fragt Mutter. „Irgend etwas beschäftigt dich doch!“

„Weißt du, Mama, ich will einfach wissen, ob, vergib uns unsere Schuld‘ auch dann gilt, wenn wir vorher böse sein wollten“, fährt Jason fort.

„Ja, mein Junge“, sagt die Mutter, „das ist das Große an Gott, daß er Schuld nicht sortiert. Alle Schuld hat Jesus auf sich genommen, alle. Aber *du* sollst bei aller Schuld, die du begehst, daran denken, daß es Jesus einen hohen Preis gekostet hat, dich davon zu erlösen: Er bezahlte für dich dafür mit seinem Blut.“

GEBET

Jesus, manchmal geht mir eine Lüge so schnell von den Lippen, wenn mich das vor Schwierigkeiten bewahrt. Ich erfinde Ausreden, die gar nicht so ganz stimmen. Bitte erinnere mich daran, was es dich gekostet hat, die Last meiner Unehrlichkeit wegzunehmen. Amen. R. H.

Vergib uns unsere Schuld, wie auch wir vergeben unseren Schuldigern

„Was heißt denn, ‚wie auch wir vergeben unseren Schuldigern'? Das mit den Schuldigern versteh' ich schon, aber ‚wie auch wir', was ist das denn?" fragt Rahel die Mutter.

„Nun ganz einfach – eben – wie auch wir", brummelt Jason, der gerade dazugekommen ist. „Versuch's mal mit anderen Worten zu sagen", ermutigt Mutter Jason. Er denkt einen Moment nach: „Also das ist so: Gott vergibt uns genau so viel von unserer Schuld, wie wir bereit sind, den anderen zu verzeihen, die uns was Böses getan haben." Jason macht eine Pause: „Tja", sagt er nachdenklich und kratzt sich dabei am Kopf, „so einfach ist das dann doch nicht."

Rahel steht etwas ratlos dabei: „Was nun, ist es einfach, oder ist es nicht einfach?" – „Das Erklären, was das ist, ist einfach, aber . . ." und hier macht Jason eine lange Pause . . . „das Umsetzen ist weit schwieriger. Das meint z. B., daß ich dir auch verzeihen soll, wenn du mich manchmal so nervst."

Rahel hat inzwischen verstanden: „Für mich heißt das, daß ich dir deine blöden Bemerkungen vergeben muß, damit Gott auch mir vergibt. Nein, das ist wirklich nicht so einfach, da muß ich dir recht geben."

Eigentlich war dies zunächst ein gutes Gespräch. Die Erkenntnis über diesen Teil des Vaterunsers war groß, aber die Umsetzung schwer. Wäre Mutter nicht dagewesen, wer weiß, wie die Unterredung weiter verlaufen wäre!

GEBET

Es ist gar nicht so einfach, Vater im Himmel, das Vaterunser zu beten. Denn wenn man es wirklich so meint, wie man es betet, muß man ganz schön viel dabei denken. Und was noch weit schwerer ist – eigentlich sollte man danach handeln. Ich kann dich nur bitten: Hilf mir dabei. Amen. R. H.

19. JUNI

Sammle meine Tränen!

„Daß die Mädchen auch immer gleich heulen müssen!" Jason schüttelt den Kopf. „So schlimm ist das doch nun auch nicht, mal 'ne schlechte Note zu kriegen. Zumal du, Mama, ja auch kein Drama daraus machst."

„Jeder drückt seinen Schmerz auf eine andere Weise aus", erklärt Mutter. „Das macht zusammen die Vielfalt von uns Menschen aus. Bei den Mädchen sitzen die Tränen meist lokkerer. Aber oft haben sie dafür den Schmerz auch schneller überwunden als Jungs, die manchmal so cool tun. Nicht jedem ist dasselbe wichtig wie dem anderen. Deshalb leidet jeder unter etwas anderem. Für dich ist es z. B. schlimm, wenn ihr ein Fußballspiel verliert, für das ihr so lange trainiert habt. Vielleicht wäre das für Rahel gar nicht schlimm, weil es ihr mehr aufs Spielen als aufs Gewinnen ankäme."

„Ja, damit hast du möglicherweise recht", gibt Jason zu. „Aber wie geht Gott denn nun mit all den Unterschiedlichkeiten um? Hat er so etwas wie eine Skala, auf der er festlegt, welches Leid berechtigt ist und welches nicht? Wie sortiert er?"

Mutter lacht: „Gott ist zum Glück kein Mensch. Sonst würde er uns manches Leid vielleicht ausreden wollen, es abschwächen." Mutter wird ernst: „Er liebt uns so sehr, daß er mit uns leidet. Er kennt unsere menschlichen Eigenarten. Der Mann aus dem Psalm 56 traut Gott sogar zu, daß er alle unsere Tränen sammelt. Dort kannst du im Vers 9 nachlesen, wie er betet:

‚Sammle meine Tränen in einen Krug, ohne Zweifel, du zählst sie.'"

GEBET
Wie lieb mußt du uns haben, Gott, daß du auf unsere kleinen und großen Traurigkeiten achthast. Du weißt, was uns weh tut, und du leidest mit uns. Wie tröstlich ist das, daß wir dir so wertvoll sind. Danke, lieber Gott. Amen. R. H.

20. JUNI

Was hättest du getan?

Wir lesen die Geschichte aus Markus 2, in der Jesus den Gelähmten heilt.

Im Hause gab es nicht genug Platz. Es waren schon zu viele Leute da, alles proppenvoll. Da paßte nichts mehr hinein. Wie sollten nun die vier Freunde durchkommen? Sie hatten ihren kranken Freund auf einem Tuch dorthingetragen. Wie hofften sie, daß Jesus ihm helfen konnte! Doch nun bekamen sie nicht einmal die Chance, auch nur in die Nähe von Jesus zu kommen. Da hatte einer von ihnen eine Idee: „Wir steigen aufs Dach und decken es auf, bis das Loch groß genug ist. Dann lassen wir unseren Freund hinunter." Jetzt fing der gelähmte Freund vielleicht zu jammern an: „Wollt ihr mir endgültig den Hals brechen?" Aber einer der Freunde ermutigte ihn: „Jetzt oder nie. Willst du es nun versuchen oder nicht?" – „Doch, natürlich will ich", antwortete der.

Die Leute staunten nicht schlecht, was für ein Paket da von oben direkt vor die Füße Jesu schwebte.

Da lag er nun, der Gelähmte, und schaute zu Jesus auf. Er wollte natürlich geheilt werden. Aber davon sagte Jesus zunächst nichts. Er sprach ihn ganz einfach an: „Dir sind deine Sünden vergeben."

„Nun, was hättet ihr denn an der Stelle des Gelähmten getan?" fragt Vater, als er die Geschichte erzählt hat. Salome weiß gleich eine Antwort: „Ich hätte gesagt, Herr Jesus, das ist ja ganz wunderbar, aber deshalb bin ich eigentlich nicht gekommen." – „So viele Worte hätte ich gar nicht gemacht, ich hätte ganz klar gesagt: ‚Jesus, guck auf meine Beine, dann weißt du alles'", meint Rahel dazu.

„Das mit der Sündenvergebung können wir auch später erledigen. Vielleicht wäre das mein Kommentar gewesen", äußert sich Jason.

„Jesus sah immer den ganzen Menschen, sein Herz", fährt Vater fort. „Und als er in das Herz dieses Mannes sah, entdeckte er, wie sehr dieser Mann unter seiner Schuld litt. Wir wissen nicht, was es für eine Schuld war, aber Jesus wußte es. So nahm er ihm zuerst diese große Not hinweg, die den Mann mehr quälte als seine Lähmung. Und dann nahm er ihm auch noch die Lähmungserscheinungen hinweg. Wie muß der Mann sich gefreut haben! Anders wäre er vielleicht bedrückt mit seiner Matte hinweggeschlichen, so aber ging er aufrecht, mit dem Frieden Gottes in seiner Seele davon. Jesus macht keine halben Sachen."

GEBET

Das mit dem lahmen Mann beschäftigt mich, Jesus. Mir scheint es manchmal wichtiger, gesund zu sein, als unbedingt für meine Verfehlungen Vergebung zu haben. Mach mir klar, wie wichtig es ist, daß nicht nur mein Körper in Ordnung ist, sondern mein ganzer Mensch. Amen. R. H.

21. JUNI

Ein Regentag

Den ganzen Tag regnete es in Strömen. Jason konnte nicht Fußball spielen, und Rahel wäre so gerne Fahrrad gefahren. Mutter machte wohl einige Vorschläge, aber niemand hatte zu irgend etwas Lust.

Rahel hatte richtig schlechte Laune. Dann ärgerte sie noch der größere Bruder. Türen schlugen zu. Stimmen wurden laut. Mutter mußte immer wieder eingreifen. Schließlich wurde es Abend.

Rahel liegt jetzt im Bett. „Mama", sagt sie kleinlaut, „mal ehrlich, wenn du könntest, würdest du uns dann zurückgeben?"

Mama umarmt ihre kleine Maus. „Zurückgeben?" fragt sie, „niemals, nie im Leben!"

GEBET

Jesus, unsere Mama ist ja auch nur ein Mensch wie ich. Und wir Menschen halten nicht so viel aus. Ich will ja oft gar nicht so sein, wie ich bin. Der Ärger kommt immer von alleine. Aber wenn meine Mama mich schon behalten will, dann weiß ich, daß du mich auch magst. Amen. R. H.

22. JUNI

Mein Freund Andy

Andy ist mein Freund. Er ist sechs Jahre älter als ich und geht ins Gymnasium. Er weiß schon fast alles, und er kann einen tollen Kopfstand machen. Immer, wenn ich etwas in der Schule nicht verstanden habe, gehe ich zu Andy, und der erklärt es mir dann.

Ich mag Andy und hätte ihn sehr gern als Bruder. Dann wäre ich jeden Tag mit ihm zusammen und müßte nicht erst bis zum Ende der Straße laufen, wenn ich ihn etwas Wichtiges fragen will.

Aber wenn der Andy mein echter Bruder wäre, dann dürfte er nicht mehr dauernd „O Gott" sagen. Das würde ich ihm auf jeden Fall verbieten. Andy sagt nämlich oft „O Gott" und manchmal auch „Ach Göttchen" und so, obwohl er dabei in Wirklichkeit gar nicht an Gott denkt.

Ich finde das nicht gut.

Irgendwo habe ich mal in meiner Kinderbibel gelesen, daß man Gottes Namen nicht gebrauchen soll, wenn man ihn gar nicht wirklich meint.

Vielleicht sollte ich das dem Andy mal sagen. Es kann ja sein, daß er es gar nicht weiß . . .

GEBET

Lieber Vater im Himmel, ich habe mir die Stelle in der Kinderbibel noch mal herausgesucht. Im dritten Gebot steht: Du sollst den Namen des Herrn, deines Gottes, nicht mißbrauchen, denn der Herr wird jeden bestrafen, der das tut.

Ich möchte nicht, daß der Andy bestraft wird, Herr. Deshalb bitte ich dich, ihm zu vergeben. Gleich morgen werde ich ihm von dem dritten Gebot erzählen – versprochen! Amen.

A. B.

23. JUNI

Ich will keine Angst haben

Mein Kinderzimmer hat wirklich ziemlich schlimm ausgesehen, bevor ich es aufgeräumt habe. So schlimm, daß Papa schon gemeint hat, man müßte mal einen Trampelpfad anlegen, damit man überhaupt von der Tür bis zu meinem Spieleschrank laufen kann.

Und Mama? Mama behauptete, sie würde sich ganz bestimmt irgendwann einmal in meinem Zimmer ein Bein brechen, wenn ich nicht endlich den Fußboden wieder freiräumen würde.

Das habe ich eingesehen, denn wer sollte für uns wohl mittags kochen, wenn Mama im Krankenhaus liegt? Papa kann bloß Spiegeleier braten, und die müßte ich dann bestimmt die ganze Zeit immerzu essen – so lange, bis Mama wiederkommen würde. Igitt!

Na ja, jetzt kann sie sich in meinem Zimmer kein Bein mehr brechen. Jetzt habe ich aufgeräumt – sogar in den Schränken.

Dabei habe ich viele Sachen wiedergefunden, die ich nicht mehr leiden mag. Auch Kassetten mit schauerlichen Märchen von Gespenstern und Hexen. Immer, wenn ich die früher gehört hatte, träumte ich nachher davon und hatte nachts im Dunkeln große Angst.

Als ich jetzt beim Aufräumen die Kassetten wiederentdeckt hatte, wollte ich sie zuerst aufheben und später mal auf einem Kinderflohmarkt verkaufen. Aber dann habe ich mir überlegt, daß davon andere Kinder nachts auch solche Angst bekommen werden wie ich. Deshalb habe ich sie lieber in den Behälter mit Sondermüll geworfen.

Mama hat sich darüber gewundert, aber sie hat nichts dagegen gehabt.

GEBET

Herr Jesus, ich will nachts keine Angst haben. Ich will lieber daran denken, daß du mich auch im Dunkeln nicht allein läßt und mich beschützt, wenn ich schlafe. Amen. A. B.

24. JUNI

Kalles Brille

„Du, Oma – ist es dir eigentlich egal, wie ich aussehe? Ich meine – würdest du mich auch mögen, wenn ich eine Brille mit ganz dicken Gläsern tragen müßte?“

Verwundert schüttelt Oma den Kopf. „Aber was redest du denn da für einen Unsinn, mein Junge? Natürlich hätte ich dich genauso lieb wie vorher. Warum fragst du mich das?“

„Ach, nur so“, druckst Lutz herum. „Weißt du, der Kalle bei uns aus der Klasse muß nämlich ab heute jeden Tag eine Brille tragen. Die ist gar nicht häßlich, und dicke Gläser hat sie auch nicht, aber irgend jemand hat den Kalle trotzdem geärgert und ihm ‚Brillenschlange‘ nachgerufen. Jetzt will der Kalle seine Brille nie mehr wieder aufsetzen, weil er glaubt, daß ihn die anderen sonst nicht mehr leiden mögen.“

„Hhm", macht Oma. „Das ist schlimm. Da muß man dem Kalle helfen."

„Ja", nickt Lutz lebhaft und denkt angestrengt nach. „Aber wenn jemand bloß Kalles Brille nicht leiden mag, ist das doch eigentlich gar nicht so schlimm – der ganze Kalle bleibt doch noch übrig, und der ist wirklich in Ordnung!"

„Stimmt", sagt Oma. „Und genau das mußt du dem Kalle sagen. Dann wird er bestimmt seine Brille auch wieder aufsetzen. Weil er dann weiß, daß du ihn mit und ohne Brille magst! Echten Freunden sind solche Dinge nämlich gleichgültig."

GEBET

Ja, Herr Jesus, mit dir ist das genauso. Du hast mich ja auch lieb, so wie ich bin. Und wenn ich vielleicht mal irgendwann eine Brille oder eine Zahnspange oder eine riesige Beule kriege, dann hast du mich immer noch genauso lieb. Das ist ein gutes Gefühl. Ich glaub', ich mach' es so, wie Oma es mir geraten hat. Ich werde dem Kalle morgen sagen, daß es mir ganz gleichgültig ist, ob er eine Brille trägt oder nicht. Weil er nämlich mein Freund ist. Amen. A. B.

25. JUNI

Die Geschichte vom Guten Hirten

Ich habe eine Cousine, die Katharina heißt. Sie ist drei Jahre älter als ich, und ich habe sie sehr lieb. Manchmal übernachtet sie sogar bei mir im Kinderzimmer. Mutti bläst dann eine Luftmatratze auf, schiebt sie ganz nah neben mein Bett und legt eine dicke Decke drauf. Wenn es dann Zeit ist zum Schlafengehen, krabbelt Katharina in ihren kuscheligen Schlafsack und ich in mein Bett, und dann erzählen wir beide uns noch lange etwas, bevor Mama das Licht ausmacht.

Seitdem ich alle Buchstaben kenne, nehmen wir uns zwischendurch auch mal ein Buch und lesen ein bißchen.

Ich habe mir beim letzten Mal ein klitzekleines Büchlein ins Bett mitgenommen. Darin stand die Geschichte von Jesus, dem Guten Hirten. Ich habe sie schon tausendmal gehört, aber ich finde sie so schön, daß ich sie bestimmt noch hunderttausendmal lesen werde! Katharina kannte die Geschichte noch nicht. Da habe ich sie ihr vorgelesen, und sie fand sie genauso schön wie ich.

GEBET

Herr Jesus, wie gut, daß ich mir gerade dieses Büchlein zum Lesen geholt hatte, und kein anderes. Jetzt kennt Katharina die Geschichte auch! Sie hat sogar gesagt, sie möchte noch mehr von dir hören, ist das nicht schön? Wenn sie das nächste Mal bei mir schlafen darf, werde ich ihr mal meine Kinderbibel zeigen. Amen.

A. B.

26. JUNI

Ein Kätzchen aus Ton

Für Ferientage, an denen es draußen gar nicht richtig hell werden mag und an denen man sich morgens die Decke über die Ohren ziehen und am liebsten überhaupt nicht aufstehen möchte, ist eine gemütliche Bastelarbeit nach dem Frühstück genau das richtige.

Annelie sitzt schon eine ganze Weile am Tisch und formt aus feuchtem dunklen Ton lauter hübsche kleine Sachen. Mama hat versprochen, daß sie nach dem Trocknen alles in eine richtige Töpferei zum Brennen geben wird. Deshalb gibt Annelie sich viel Mühe bei ihrer Arbeit.

So, die kleine Katze ist fertig. Jetzt soll sie aber noch ein Körbchen haben . . .

Während Annelie mit vorgeschobener Zungenspitze eifrig an dem Ton herumdrückt, knetet und glattstreicht, muß sie daran denken, daß die niedliche Katze bald in den heißen Brennofen muß.

„Ach Mutti, eigentlich möchte ich gar nicht, daß die Katze gebrannt wird. Es ist so heiß in dem Ofen. Kann ich sie nicht einfach trocknen lassen und dann mit ihr spielen?"

Aber die Mutter schüttelt den Kopf. „Nein, mein Kind, das geht nicht, denn sie würde dir bei der ersten Gelegenheit gleich kaputtbrechen. Erst nach dem Brennen im heißen Ofen ist sie stabil und fest und kann schon mal einen unsanften Stoß vertragen. Du wirst den Unterschied nachher selber sehen, warte nur ab."

GEBET

Herr Jesus, ich hab' es ja gar nicht gern, daß meine Katze in den Brennofen kommt, aber es muß wohl sein, damit sie hinterher auch richtig fest ist. Danke, daß sie mir so gut gelungen ist! Amen.

A. B.

27. JUNI

Was heißt fromm sein?

„‚Fromm sein' klingt komisch, was heißt das eigentlich?" fragt Rahel.

„Woher hast du das Wort?" will Mutter wissen.

„Ich hab mir die Zeichnungen im Wilhelm-Busch-Album angesehen. ‚Die fromme Helene', hieß es da. Ich komme aber nicht drauf, wie das zu verstehen ist", äußert sich Rahel. Mutter setzt sich zu Rahel an den Tisch: „Früher haben die Leute gemeint, man müsse nur immer recht brav sein, dann würde man Gott schon gefallen", versucht Mutter zu erklären.

„Aber das stimmt doch auch", bekräftigt Rahel.

„Sicher freut sich Gott über Menschen, die dem Guten nacheifern. Denn auch er will das Gute. Aber damit können wir uns noch lange nicht den Himmel verdienen", fährt Mutter fort.

„Da hätte ich sowieso keine Chance. Ich bin so schnell wütend und . . . na ja, noch anderes", meint Rahel nachdenklich.

„Gutes tun allein reicht nicht, da hätte auch ich keine Chance", unterstreicht Mutter. „Wenn das reichte, hätte Gott niemals Jesus zur Welt geschickt. Er merkte aber, daß es die Menschen nicht allein schaffen, gut zu sein. So sandte er Jesus, damit er für all das Schlechte sterben sollte, das wir Menschen getan haben. Und nun bietet er uns an, daß wir zu ihm gehören dürfen. Wir brauchen nur den Herrn Jesus in unser Herz aufzunehmen. Dann sieht Gott in uns Jesus. Wenn wir Jesus haben, sind wir sogar heilig!"

Rahel hat still zugehört: „Du meinst also, Mama, fromm ist man, wenn man sich selbst anstrengt? Aber all das Gute reicht für Gott nicht. Und dann sagst du, wenn ich Jesus in mein Herz aufnehme, dann bin ich sogar heilig? Ist das dein Ernst?"

Mutter nickt. „Ein Heiliger ist keiner, der immer alles richtig macht oder gar einen Heiligenschein um sich trägt. Es ist jemand, der sich immer neu auf Gott verläßt und weiß, daß Christus ihm vergeben hat. ‚Heilig' heißt einfach: jemand gehört zu Gott."

„Aber Mama, wenn ich dann wieder wütend war?! Was hilft es mir dann? Kann Gott mich dann noch liebhaben?" fragt Rahel.

„Wie ist es denn bei uns?" fragt Mutter nun zurück. „Wenn du ungehorsam warst, bist du dann noch mein Kind, oder gehörst du dann nicht mehr zu mir?" Rahel fällt Mutter in die Arme: „Zum Glück bin ich es dann immer noch."

„Gott hat dich noch viel mehr lieb, als ich es fertigbrächte", sagt Mutter. „Bleib nur bei Jesus! Er hilft dir, so zu werden, wie es das Beste für dich ist. Bei ihm darfst du in die Schule gehen. Und er hat viel Geduld." Mutter streichelt Rahel über den Kopf.

„Am liebsten wäre ich fromm *und* heilig", seufzt Rahel. Aber wie bin ich froh, daß Jesus mich liebhat, wie ich bin!"

GEBET

Vater im Himmel, es ist so gut, zu dir zu gehören. Ich freue mich, daß du mich nicht hinauswirfst, wenn ich etwas falsch gemacht habe. Durch Jesus vergibst du mir immer wieder, und ich darf neu beginnen. Vater, ich bin so froh, daß du mich liebhast. Amen. R. H.

28. Juni

Feenlämpchen

Die Wiese steht voll mit wunderschönen Blumen. „Ich pflücke Mama einen Blumenstrauß", sagt Rahel zu ihrer kleinen Schwester. Und die echot: „Ich auch." Eifrig sind die beiden am Pflücken. Da entdeckt Salome etwas Komisches am Grashalm: „Komm mal her", ruft sie Rahel zu, „da hängt ein Lämpchen am Gras." – „Das ist aber ein kleines Lämpchen, nur so groß wie ein Kirschkern", stellt Rahel fest.

Vorsichtig pflücken sie den Grashalm ab und bringen ihn zur Mutter. „Was ist das?" fragen sie fast gleichzeitig, als sie in die Küche laufen. „Ach, ein Feenlämpchen", staunt Mutter. Aber sie ist nicht so ganz begeistert, obwohl das alles doch geheimnisvoll klingt. „Nun, es ist die Kinderstube einer Flaschenspinne", erklärt Mutter. „In diesem Nest hier sind möglicherweise um die 50 neue kleine Spinnen am Wachsen."

„Iiii", schreit Rahel entsetzt und will das Gras hinwerfen. „Keine Angst", beruhigt sie Mutter, „die sind noch fest verpackt. Da passiert nichts. Die Spinnenmutter formt aus den feinen Spinnweben einen Kokon, ein winziges, weiches Nest, das sie an einem Grashalm befestigt. Da hinein legt sie die Spinneneier. Damit das Nest vor diebischen Räubern, Kälte und Nässe geschützt ist, bekommt es eine besondere Verpackung. Die Spinnenmutter spannt einen langen Faden zu einer in der Nähe gelegenen Pfütze und schafft feuchte Erde herbei. Mit diesem Baustoff mauert sie das Nest zu. In dieser Verpackung sind die Eier gut bis zum Ausschlüpfen aufgehoben . . . tja, natürlich nur, wenn nicht Kinder kommen, um zu untersuchen, was in dieser Kugel steckt. Weil das kleine Gebilde wie eine Glocke am Gras hängt, hat man ihm den Namen Feenlämpchen gegeben." Mutter wendet sich wieder dem Schälen der Kartoffeln zu.

„So, ihr zwei Feen", fordert sie die beiden auf, „nun tragt

den Grashalm wieder zurück, damit die Spinnenkinder eines Tages das Licht sehen dürfen."

GEBET

Ich staune, Herr, was es alles gibt. Was ich auch angreife, überall ist ein Geheimnis darin verborgen. Danke für alles, was du geschaffen hast. Und danke, daß ich es entdecken darf. Es gibt noch vieles, was ich nicht weiß. Und ich habe den Eindruck, bis ich alt werde, wird mir der Stoff nicht ausgehen. Danke für deine Schöpfung! Amen. R. H.

29. JUNI

Der Kuckuck

„Mama, Mama, ich hab' den Kuckuck rufen hören!" Jason kommt aufgeregt durch die Tür gerannt.

„Warum schreit der immer ‚Kuckuck', der Kuckuck?" will Salome wissen. „Seine Frau könnte doch einfach antworten: ‚Da bin ich!' Spielen die den ganzen Tag Versteck miteinander?"

„Nein, das ist nur seine Sprache, mit der er sein Weibchen ruft", weiß Jason.

„Und die Frau, was antwortet die dann?" Salome will es genau wissen.

„Das Weibchen antwortet in einer Weise, die sich wie kichern anhört", ergänzt die Mutter. Jetzt kichert aber Salome. Sie hält die Hand vor den Mund und lacht. „Das ist ja lustig. Die lacht ihn vielleicht aus, weil er so laut schreit." – „Das glaube ich nicht", erklärt Mutter, denn die Vögel haben eine andere Sprache als die Menschen.

„Der Kuckuck ist doch der Vogel, der anderen seine Eier ins

Nest legt, statt sie selbst auszubrüten, gelt, Mutti?" vergewissert sich Jason.

„Genau! Das Weibchen legt sein Ei in das Nest eines fremden Vogels. Das Ei ist besonders groß, denn der Kuckuck ist ein Vogel, der etwa 30 cm lang wird. Wenn dann der kleine Kuckuck aus dem Ei schlüpft, wirft er alle anderen Vogelkinder hinaus, und ebenso verfährt er mit den noch nicht ausgebrüteten Eiern des Vogels. Die Vogelmutter merkt nicht, daß ihr ein fremdes Ei ins Nest gelegt wurde. Mit Hingabe pflegt und versorgt sie das fremde, gefräßige Vogelkind, oft mit Hilfe ihres Vogelmännchens."

„Das ist ja gemein", empört sich Rahel. „Wenn der kleine Kuckuck schon von einer anderen Mutter versorgt wird, sollte er doch wenigstens die anderen am Leben lassen!"

„Eigentlich hat der Kuckuck ein schlankes Leben, wenn er die Eier nicht selbst ausbrüten muß", überlegt Jason.

„Aber dafür wird er nie sein Kind kennenlernen!" fügt Salome hinzu.

GEBET

Vater im Himmel, der Kuckuck gibt mir viel zum Nachdenken. Er will sich die Arbeit des Brütens sparen. Deshalb legt er seine Eier ins Nest eines anderen Vogels. Sicher muß er dabei mit einer List vorgehen, damit der andere Vogel es nicht merkt.

Manchmal möchte ich am liebsten die Arbeit, die Vati oder Mutti mich heißen, auch an einen anderen abgeben oder sie einfach vergessen. Aber dann hab' ich keine so guten Gefühle dabei. Denn irgend jemand muß die Arbeit erledigen, wenn ich mich davor drücke.

Hilf mir bitte, sie schnell zu erledigen. Dann hab' ich hinterher ein viel besseres Gefühl, und es geht mir nicht wie dem Kuckuck. Amen. R. H.

30. JUNI

Wozu gibt es Gewitter?

Den ganzen Abend hat Björn in seinem Zimmer gesessen und an seinem Modellflugzeug herumgebastelt. Nun sind alle Teile zusammengebaut, und es müssen nur noch die bunten Aufkleber angebracht werden.

Gerade als Björn nach dem durchsichtigen Tütchen greift, hört er ein fernes Donnergrollen.

Er beugt sich über seinen Schreibtisch und zieht den Vorhang ein wenig zur Seite. Na, ob sich da wohl ein Gewitter zusammenbraut? Björn mag Gewitter nicht. Seit auf dem Nachbargrundstück einmal ein Blitz in einen Baum eingeschlagen und den Stamm in zwei Teile gespalten hat, fürchtet er sich davor.

Gut, daß am Haus ein Blitzableiter angebracht ist. Björn hat ihn sich draußen schon einmal angesehen. Er verläuft vom Dach schnurgerade hinunter bis in den Erdboden. Das muß sein, hat Papa erklärt, damit der Blitz – falls er einmal ins Haus einschlagen sollte – direkt in den Erdboden geleitet wird, wo er keinen Schaden anrichten kann.

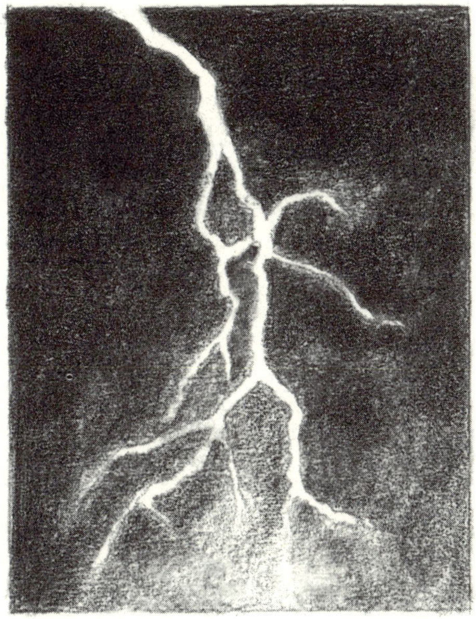

Da, es grollt wieder, und jetzt klingt es schon viel näher als vorhin!

Björn läßt sein Flugzeug im Stich und schlendert ins Wohnzimmer.

„Blödes Gewitter", murmelt er und hockt sich auf Papas Sessellehne.

Papa blickt von seiner Zeitung auf und schüttelt den Kopf. „O nein, mein Junge, so blöd ist ein Gewitter gar nicht. Im Gegenteil – es ist sogar wichtig."

Ungläubig runzelt Björn die Stirn. „Wieso ist ein Gewitter wichtig? Es macht doch bloß Bäume kaputt und Häuser auch, wenn sie keinen Blitzableiter haben!"

Der Vater nickt. „Das stimmt. Ein Blitzschlag kann einen ganz beträchtlichen Schaden anrichten. Aber ein Gewitter ist auch eine wichtige Düngerfabrik. Sieh mal, bei jedem Blitzschlag entstehen aus Sauerstoff und Stickstoff durch die ungeheure Hitze Nitrate. Und Nitrate – das sind lebenswichtige Nahrungsbausteine für alle Pflanzen."

„Aber gibt es denn nicht einfach so überall diese Nitrate? Ich meine, irgendwo in der Luft?"

„Doch, schon, aber den Stickstoff aus der Luft können die meisten Pflanzen nicht verwerten. Und im Boden ist er Mangelware."

Jetzt hat Björn verstanden. „Dann muß es also manchmal ein Gewitter geben, damit die Pflanzen nicht verhungern?"

„Genauso ist es, mein Junge – und jetzt geh und zeig mir mal dein Flugzeug. Ist es schon fertig?"

Björn springt auf. „Klar – warte, ich hol's dir!"

GEBET

Lieber Gott, wenn ich alles tun könnte, was ich will, dann hätte ich inzwischen bestimmt längst die Gewitter abgeschafft, weil ich die nämlich überhaupt nicht mag. Und das wäre ganz schön dumm von mir. Seitdem Papa mir das mit den Nitraten erklärt hat, habe ich nicht mehr so viel Angst davor.

Ich finde das schon toll, daß du immer wieder dafür sorgst, daß auch die Pflanzen ihre Nahrung bekommen.

Gut, daß du der Chef bist! Amen. A. B.